「なるほど!」とわかる

マンガ はじめての
自分の心理学

精神科医
ゆうき ゆう 監修

西東社

自分を知る心理学の効用——❶

周囲に自分が どう見えているかが わかる！

心理学を学んでいくと、他人の目から見た自分は、自身で把握している姿とはかなり異なった像として映っていることがわかってきます。つまり、自分自身だけでは「他人から自分がどう見られているか」を知ることはできないのです。

でも、それらを知ることは、自分の心や行動をコントロールしたり、豊かな人間関係をつくったりする上で大いに役立ちます。もちろん、仕事などが上首尾にいくかどうかにも非常に大きく関係します。

もし誰かから「あなたはこういう人だ」と言われたら、これまで思っていた自分の性格とは違っても、素直に受け止めてみてください。新しい自分を発見することで将来の可能性がより広がるなど、豊かで実り多い人生につながるはずです。

誰かの評価によって、自分の見方が変わることも

新しい自分が見つかり将来の可能性が広がる

心理学を利用して、自分の心を見つめてみる

心の奥底には、自分で思っても見なかった感情や、知らず知らずのうちに
認識をねじ曲げてしまっていた思い込みや勘違いがあります。
心理学を利用すれば、それらを知り、変えていくことができます。

■ まず自分の心を認識することが大切

人間の心は氷山にたとえることができます。海面より上に出ているのはほんの一部で、実は、非常に大きな領域が海面下に沈んでいます。このように、「自分はこういう人だ」「自分は嬉しい（悲しい）」などと、自分でわかっている性格や感情はほんの少し。「無意識」という、わかろうとしてもなかなか気づけない部分もあります。でも、心理学を学ぶことで、「自分はどういう人なのか」という手がかりを得ることができます。

自分がどんな
性格か知りたい
▶P18

たとえば…

嫉妬して人の悪口を言っている
自分が好きになれない

↓

「あの人には負けたくない」というプラスの気持ちに変えて、自分を向上させるエネルギーに！

■ 自分の心を見極めて行動に反映させる

心理学で自分の心を見つめると、思っていたのとは違う自分に気づくことができます。そのなかには好ましい部分も、反対に嫌な部分もあることでしょう。嫌な部分も、丸ごと自分として受け入れることは大切です。その上で、心の表し方、つまり言動や行動を変えていけばよいのです。

嫉妬深い
自分が嫌い
▶P40

自分を知る心理学の効用 ― ❷

自分にはわからなかった自分がわかる！

血液型性格判断や星座占いなどはいつの時代も人々の関心を集めるものです。これはみんな「自分はどんなタイプか」に興味があるから。自分のことは自分が一番よく知っていると思いつつも、「本当は違うのかも」と、どこかで疑っていたり、期待を抱いたりしているのでしょう。実際、自分自身の心の奥底は見えていないことが多いのです。

心理学は、そんな「本当の自分」を知る上でもとても役立ちます。では、自分を知ると、どんなよいことがあるのでしょうか？ ひとつには、自分のよい部分と悪い部分がハッキリ見えてくるので、自分をもっと好きになったり、よくないと思うところを見直したりして、行動に反映できるようになります。つまり、自分の心をコントロールすることが可能になるのです。

人間の心は複雑なので自分では見えていないことも多い

ダメな自分

何が悪かったんだろ…

↓ 他人の評価

役立つ自分

よくやったな 次も期待してるぞ

他人の目を通して自分を見つめる

他人の目を借りれば、自分では気づけなかった長所や欠点がわかります。
心理学の手法を活用することにより、よいところは伸ばし、
好ましくない傾向については改めるなどして、性格を変えられるのです。

■ 他人から見た自分を認識する

他人から思わぬ評価をされて驚いたことはありませんか？　客観的に見た自分の姿というものは、自分では気づけないものです。心理学では、そうした「他人から見た自分」を、自己の成長に役立てる方法を学ぶことができます。

本当の自分を
知るには
▶P50

「なりたい自分」に
なる方法
▶P22

■ 他人の目に映る自分を判断し、自己改革に活かす

他人の目から見た自分の姿が確認できたら、それが自分にとって好ましいものなのか、そうではないのかを判断します。たとえば、自分では思っても見なかった意外な長所があるかもしれません。その場合は自信につながりますし、その長所をさらに伸ばせるように努力することができます。

また、逆に欠点については改めることができるでしょう。自分の性格や考え方を変えることは難しいものですが、心理学の手法を上手に活用すれば、それが可能になるのです。

自分を知る心理学の効用 ― ③

自分も他人も知らない未知の自分がわかる！

人間の性格や心には、自分でもわかっていないし、他人に対しても隠されている、未知の部分があります。

ひとつは、記憶に残らないくらい幼い頃の体験や、何らかの理由によって、心の奥底に閉じ込めている心の動きです。これらは無意識の行動や、夢となって表れることも多くあります。

もうひとつは、自分の心を探ったり、他者とコミュニケーションしたりするなかで生まれてくる、「新しい自分」です。自分の枠を広げてさまざまな経験を積むことにより、ものの考え方なども変わってきます。

このように、心理学の手法によって、自分の可能性をどんどん広げながら、「より素晴らしい自分」を目指し、成長し続けることができるのです。

新しい自分を受け入れていけば可能性も広がる

元の自分 → 心理学の手法 → 自分への気づき → 新たな経験に挑戦 → 新しい自分

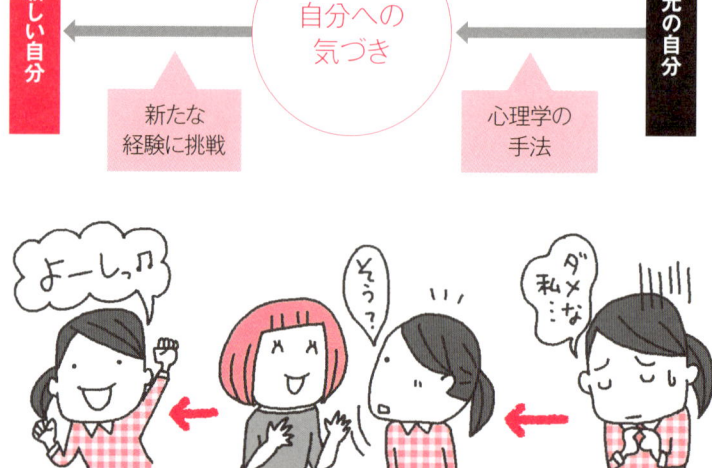

心理学を活用して自分自身を開拓する

未知の自分に気づくことができれば、それに基づいて、新しい経験を積むことも可能になります。するとさらに新しい自分に気づく…という具合に、自身を開拓、成長していくことができます。

■ 無意識に自分を縛っている枷がわかる

人間には、自分でもわかっていないし、他人にも見えていない性格や心の領域があります。たとえば、さまざまな経験をしながら成長するうちに精神的な傷（トラウマ）を受け、知らず知らずのうちに自分自身の行動を阻み、可能性を狭めてしまっていることがあります。心理学を学べば、そうした自分を縛っているものの正体も明らかになってきます。

悪いほうへと考えてしまう
▶P148

苦手な人だと感じることが多い
▶P106

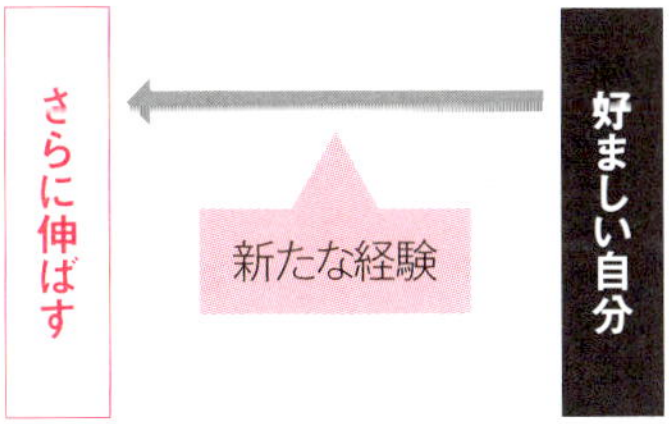

■ 未知の自分に気づけば自分の可能性が広がる

自分も知らなかった「未知の自分」に気づくことで、新しい経験への挑戦が自由にできるようになり、性格や考え方が次第に変化していきます。たとえば、わけもなく苦手な物事があったとしても、その理由が幼い頃の不快な経験にあることを知れば、苦手意識を克服できるかもしれません。

こうした過程を繰り返して新たな経験を積んでいけば、今まで知らなかった新しい自分が次々に生まれます。このように、心理学の手法を使って自分自身を開拓することができるのです。

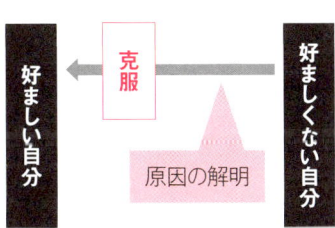

「なるほど！」とわかる
マンガはじめての自分の心理学

自分を知る心理学の効用
❶ 周囲に自分がどう見えているかがわかる！……2〜7
❷ 自分にはわからなかった自分がわかる！……4
❸ 自分も他人も知らない未知の自分がわかる！……6

本書の見方……14

PART 1 自分を知れば、人生は楽になる……15〜48

01 自分のことがよくわからない
　性格は口ぐせや考え方に表れる……16

02 自分がどんな性格か知りたい
　心理学の性格分類からみた本当の性格……18

03 人から好かれやすい性格とは
　人気の性格は「誠実でまじめ」「知的で頼りになる」……20

04 「なりたい自分」になる方法
　演じているうちに、なりたい自分に近づいていく……22

05 人を表情だけで判断してしまう
　表情だけでは本当の気持ちはわからない……24

06 体型と性格は一致する？
　体型による性格分類で人間関係を円滑に……26

07 行列に、つい並んでしまう
　行列の並び方には性格の違いが表れる……28

08 座る場所には本心が表れる
　どこに座るかは相手との親密度を表す……30

09 流行に乗れないと不安
　斉一性への圧力が同調行動を促す……34

［長子と次子、性格はどう違う？］……32

CONTENTS

PART 2 自分を好きになる心理学 ……49〜80

01 本当の自分を知るには　誰しも「自分も知らない自分」が心の中にいる ……50

02 何がストレスの原因になる？　現代社会でますます関心が高まる「ストレス」とは ……52

03 ささいなことでイライラする　身のまわりに潜むストレッサーたち ……54

04 ストレスと上手につき合う　ストレスをマネジメントする方法を身につけよう ……56

05 [ストレスへの対処法（ストレス・コーピング）] ……58

06 自分に対して不満がある　積極的になれず、劣等感を克服してステップアップ ……60

07 自分のことが大嫌い！　自分のカラに閉じこもる、コンプレックスから逃れられない ……62

08 美しくないと幸せになれない？ ……64

09 ブランド物が大好き！　ブランド好きは自信のなさの表れであることも ……66

10 優柔不断な性格を変えたい　自信移転の法則で度胸をつける ……36

11 なぜか好きになれない人がいる　ポジティブな情報を先に伝えると印象がよくなる ……38

12 嫉妬深い自分が嫌い　嫉妬をプラスのエネルギーに変える ……40

13 せっかちは病気になりやすい　仕事好き、誰からも好かれる「いい人」は特に注意 ……42

14 血液型や占いを信じやすい　誰にでも当てはまることを自分の都合で解釈する ……44

15 勉強や仕事をすぐに始められない　決まった時間が来たら始めることを習慣に ……46

9

PART 3 人間関係を改善する心理学 ……81〜112

- 01 つい人と張り合ってしまう 「張り合う気持ち」は成長のバネにもなる ……82
- 02 集団になじめない 集団のルールや慣習が肌に合わない ……84
- 03 ［良好な人間関係を保つ距離感とは］ ……86
- 04 自分勝手な行動が許せない 正義感や帰属意識が強い ……88
- 05 つい他人を責めてしまう 失敗の原因は自分以外あると思う ……90
- 06 人に見返りを求めてしまう 感謝の言葉や喜び、安堵の気持ちも立派な報酬 ……90
- 07 よい人間関係を築くには その場に応じた言葉・行動が求められる ……92
- 08 相手ともっと親しくなりたい 自己開示で、さらに相手との距離を縮める ……94
- ［身振りや表情で自分の気持ちや感情を伝える］ ……98
- 人と同じものを注文しがち 最初に注文する人はリーダー格 ……100

- 09 つい八つ当たりをしてしまう イライラを関係ないものや人に向ける ……68
- 10 フラストレーションがたまったら 欲求不満を上手に発散して ……70
- ［夢から自分の本心を探る］ ……72
- 11 傲慢な人に見られてしまう 他人を尊重することができない ……74
- 12 弱い自分を変えたい！ アッハ体験を重ねれば自信がつく ……76
- 13 だまされやすい 信じたい気持ちが働いてしまう ……78

CONTENTS

PART 4
くせ・しぐさでわかる本当の性格……113〜144

- 01 他人のふるまいが気に入らない　自分の存在を軽視されているような気がする……114
- 02 服装が派手だと言われる　強固な鎧で弱い自分を守っている?……116
- 03 好きな色から性格がわかる　色と心理の深い関係……118
- 04 あなたの寝姿はどれ?　寝姿に表れる性格……120
- 05 ［しぐさに表れる自分の本心］……122
- 06 つい人を見下してしまう　心理の裏にあるのは無邪気な「子どもの心」?……124
- 07 自分の話ばかりしてしまう　「自分が一番」のナルシストはめんどくさい人と紙一重……126
- 08 怒りを抑えることができない　キレやすい性格はコントロールできる……128
- 09 つい言い訳をしてしまう　もともとの性格に関係がある……130
- 09 気づくと独り言を言っている　仕事中などについ、考えが口に出てしまう……132
- ［他人と目を合わせられない視線恐怖症］……134

- 09 「自分だけ浮いている」と思う　公的自己意識と私的自己意識のせめぎ合い……102
- 10 他人からの評価が気になる　独自の意見・見方のほうが周囲に評価される……104
- 11 苦手な人だと感じることが多い　積極的に話しかけ、感謝・賞賛の言葉を忘れない……106
- 12 自分が好かれているか知りたい　アクションを見れば、相手の心理がわかる……108
- 13 嫌われていると思う時がある　傲慢な人は、相手を軽視する言葉を投げかけている……110

PART 5 悩みとこだわりを克服する心理学 …145〜170

- 01 学校や会社に行きたくない　新入生や新社会人に起こる「五月病」……146
- 02 悪いほうへと考えてしまう　自分に「ダメ人間」のレッテルを貼る……148
- 03 仕事のことが頭から離れない　死に至ることもあるワーカホリック……150
- 04 ギャンブルがやめられない　生活を破綻させてまでのめり込む……152
- 05 毎日お酒を飲んでいる　つい飲んでしまうのは、依存症の可能性大！……154
- [へこんでも立ち直る方法]……156
- 06 「やせたい」願望が止まらない　やせればやせるほどキレイになれる？……158
- 07 ネットにつながっていないと不安　バーチャルな世界にのめり込む……160
- 08 いくつになっても自立できない　マザコン、ファザコンの心理……162
- 09 男らしさ、女らしさって？　「乙女男子」「男前女子」が増えている……164
- 10 大人になりたくない　社会に出ることを拒否する永遠の少年……166
- 11 柔軟なココロをもつためには　「思い込み」は思考を硬直させてしまう……168

- 10 「限定」や「セール」の言葉に弱い　ついつい財布のひもが緩んでしまう……136
- 11 部屋が片付けられない　いつの間にか「汚部屋」になっている……138
- 12 「超」がつくほどのキレイ好き　他人を「汚い」と思う心理……140
- 13 初対面の人に好かれるには？　表情、態度が大きなポイント……142

CONTENTS

PART 6 自分にあった恋愛を楽しむための心理学 ……171〜185

- 01 恋に落ちる瞬間の心理とは　恋愛が生まれるメカニズム ……172
- 02 なぜ、その人を好きになるのか　ぜんぜんタイプじゃないのに好きになる心理 ……174
- 03 [恋愛関係を長続きさせるコツ] ……176
- 04 嫉妬心が抑えられない　焼きもちが過ぎると別れの原因に ……178
- 05 別れた恋人を忘れられない　相手やセックスに依存している可能性も ……180
- [好きな相手の本心が知りたい] ……182
- 相性のよい人を選ぶには？　人生を輝かせてくれる恋愛をするために ……184

ココロがわかる！心理テスト

- 1 好きな図形を選ぼう ……48
- 2 嫌いな順に並べてみよう ……80
- 3 蝶を描いてみよう ……112
- 4 あなたは歓迎されている？ ……144
- 5 ポストに届いた手紙は？ ……170
- 解説編 ……186

さくいん ……189

本書は、よくあるシチュエーションマンガとともに心理学の知識をたくさん収載しています。見開き完結なので、好きなページから読んでみてください。

本書の見方

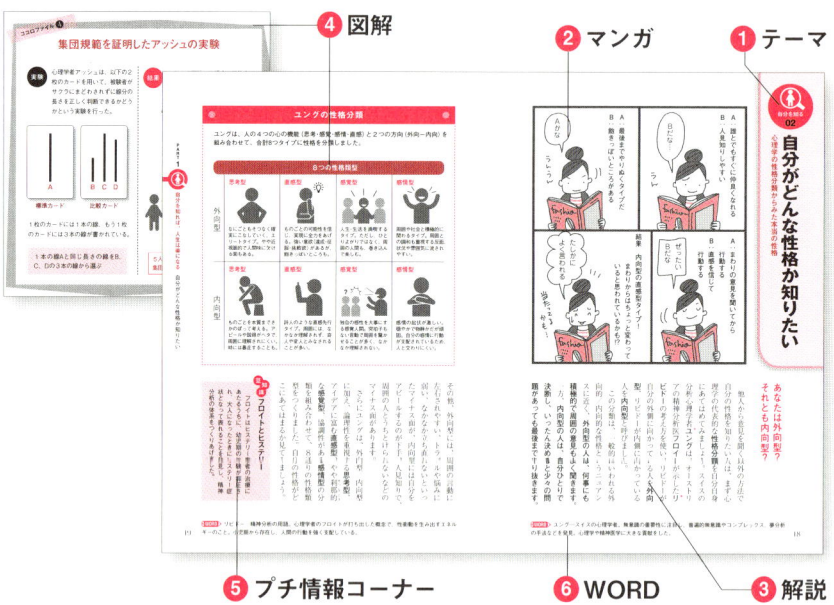

❹ 図解
❷ マンガ
❶ テーマ
❺ プチ情報コーナー
❻ WORD
❸ 解説

❶ テーマ
そのページの大きなテーマ。気になるテーマから読めばOK！

❷ マンガ
よくある行動や心理をマンガで紹介。あなたにも心当たりのあるシチュエーションが見つかるかも!?

❸ 解説
マンガのシーンに関連する心理学の知識を紹介しています。

❹ 図解
テーマの鍵となる内容をビジュアルで紹介。実際に行われた心理学実験を紹介する「ココロファイル」にもご注目！

❺ プチ情報コーナー
重要なキーワードや心理学用語をまとめています。

豆知識…補足情報や関連する心理学理論、テーマに関連するちょっとした豆知識を紹介。
使える！心理テクニック…紹介した心理学理論を日常に応用する方法。

❻ WORD
重要なキーワードや心理学用語をまとめています。

14

PART **1**

自分を知れば、
人生は楽になる

自分のことをどれだけ知っていますか？　なりたい自分、
理解できない自分、嫌な自分…。自分といっても実にさまざま。
それでは、自分を見つける旅に出発しましょう。

自分を知る 01

自分のことがよくわからない

性格は口ぐせや考え方に表れる

失敗をどう捉えるかで性格は分類できる

自分の性格は自分ではよくわかっているつもりでも、意外と理解していないもの。周囲から指摘されて初めて「自分の性格はこうだ」と思うことも少なくありません。

性格は、口ぐせや思考に表れます。たとえば、あなたが仲間と一緒に何かを行った際、ミスを犯したとします。そのとき、あなたならどう考えますか？ ①「私の責任だ」「私の力が足りなかったからだ」と自分のせいにして自分を罰してしまう。②「私に責任はない」「あの人が指示を間違えたからだ」と他人のせいにてすませている、③「運が悪かった」「失敗は避けようがなかった」「誰のせいにもしないで偶然の産物の

WORD 自罰的…失敗やミスの原因を自分と考え、自分を罰してしまうこと。失敗して迷惑をかけたり、結果的に人を傷つけたりしたときに覚える罪悪感を軽くするために、自分を罰する。

失敗やミスをしたときに性格の違いが表れる

失敗やミスをしたときの態度から、自分の性格を推し量ることができます。

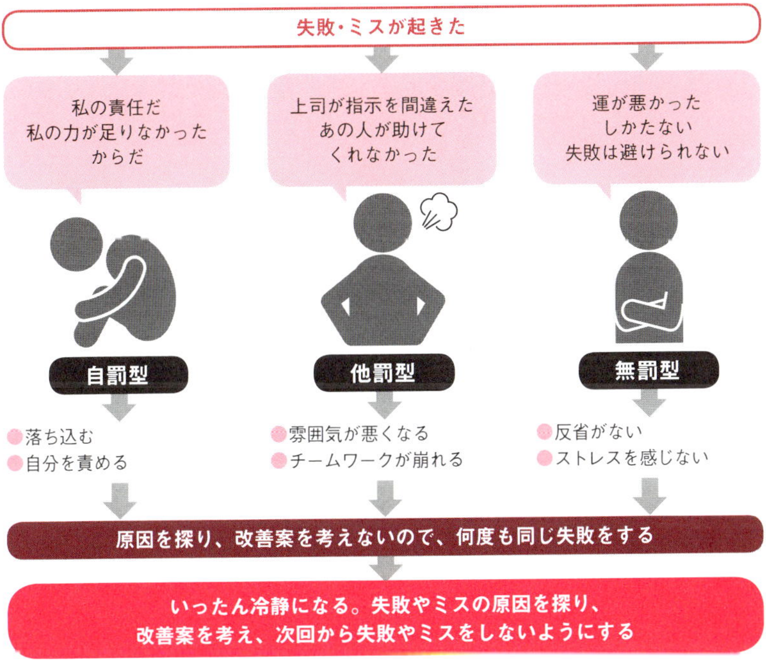

失敗・ミスが起きた

私の責任だ
私の力が足りなかったからだ

自罰型
- 落ち込む
- 自分を責める

上司が指示を間違えた
あの人が助けてくれなかった

他罰型
- 雰囲気が悪くなる
- チームワークが崩れる

運が悪かった
しかたない
失敗は避けられない

無罰型
- 反省がない
- ストレスを感じない

原因を探り、改善案を考えないので、何度も同じ失敗をする

いったん冷静になる。失敗やミスの原因を探り、改善案を考え、次回から失敗やミスをしないようにする

心理学では、①のタイプを自罰的、②のタイプを他罰的、③のタイプを無罰的と呼んでいます。いずれも問題はありますが、特に自罰的なタイプの人は注意が必要です。自分を責めてばかりいると、「自分には取り柄がない」「生きていてもしかたがない」と考えるようになり、うつ病を発症するリスクが高まるからです。自罰的な感情に陥りやすいと思う人は、自分を責める前に肩の力を抜いて、冷静になるくせをつけましょう。

豆知識 自分で自分を罰する

普通は②や③のタイプのように、失敗の責任は負いたくないと思うものですが、自罰感情が強い人は、むしろ責任を積極的に引き受けようとします。自分を精神的に責めることで楽になろうとするわけです。

WORD 他罰的／無罰的…失敗やミス、不幸などを他人や周りのせいにして、責任を負わないことを「他罰的」といい、欲求が満たされないとき、自分も他人も責めずつじつま合わせをしようとすることを「無罰的」という。

自分を知る 02

自分がどんな性格か知りたい

心理学の性格分類からみた本当の性格

あなたは外向型？それとも内向型？

他人から意見を聞く以外の方法で自分の性格を知りたい人は、まず心理学の代表的な性格分類を自分自身にあてはめてみましょう。スイスの分析心理学者ユング*は、オーストリアの精神分析医フロイト*が示したリビドーの考え方を使い、リビドーが自分の外側に向かっている人を**外向型**、リビドーが内側に向かっている人を**内向型**と呼びました。

この分類は、一般的にいわれる外向的／内向的な性格というニュアンスに近く、**外向型**の人は、何事にも積極的で周囲の意見もよく聞きます。一方、**内向型**の人は、自分ひとりで決断し、いったん決めると少々の問題があっても最後までやり抜きます。

> **WORD** ユング…スイスの心理学者。無意識の重要性に注目し、普遍的無意識やコンプレックス、夢分析の手法などを発見。心理学や精神医学に大きな貢献をした。

ユングの性格分類

ユングは、人の4つの心の機能（思考・感覚・感情・直感）と2つの方向（外向－内向）を組み合わせて、合計8つタイプに性格を分類しました。

8つの性格類型

	思考型	直感型	感覚型	感情型
外向型	 なにごともそつなく確実にこなしていく、エリートタイプ。やや近視眼的で人間味に欠ける面もある。	 ものごとの可能性を信じ、実現に全力をあげる。強い意欲（達成・征服・挑戦欲）があるが、飽きっぽいところも。	 人生・生活を満喫するタイプ。ただし、ひとりよがりではなく、周囲の人間も、巻き込んで楽しむ。	 周囲や社会と積極的に関わるタイプ。周囲との調和も重視する反面、状況や雰囲気に流されやすい。
内向型	 ものごとを本質までさかのぼって考える。アピールや説得がヘタで、周囲に理解されにくい。時には暴走することも。	 詩人のような直感先行タイプ。周囲には、なかなか理解されず、奇人や変人とみなされることが多い。	 独自の感性を大事にする感覚人間。突拍子もない言動で周囲を驚かせることが多く、なかなか理解されない。	 感情の起伏が激しい。穏やかで物静かだが頑固。自分の感情に行動が支配されているため、人と交わりにくい。

その他、外向型には、周囲の言動に左右されやすい、トラブルや悩みに弱い、なかなか立ち直れないといったマイナス面が、内向型には自分をアピールするのが下手、人見知りで、周囲の人とうちとけられないなどのマイナス面があります。

さらにユングは、外向型/内向型に加え、論理性を重視する**思考型**、アイデアに富む**直感型**、やや刹那的な**感覚型**、協調性がある**感情型**の分類を組み合わせて、8通りの性格類型をつくりました。自分の性格がどこにあてはまるか見てみましょう。

豆知識 フロイトとヒステリー

フロイトはヒステリー患者の治療にあたるうちに、幼児期の体験が抑圧され、大人になったときにヒステリー症状となって表れることを発見し、精神分析の体系をつくりあげました。

WORD リビドー…精神分析の用語。心理学者のフロイトが打ち出した概念で、性衝動を生み出すエネルギーのこと。小児期から存在し、人間の行動を強く支配している。

自分を知る 03

人から好かれやすい性格とは

人気の性格は「誠実でまじめ」「知的で頼りになる」

人から好かれる性格、嫌われる性格

　自分が周りの人から好かれているか、それとも嫌われているか。だれしも気になるものです。人によって好みの**性格**は異なりますが、アメリカの心理学者アンダーソンは最大公約数の好まれる性格を明らかにしました。100人の学生を対象に「好まれる性格・好まれない性格」についてのアンケート調査を実施したのです。555の性格を表現したリストを見せて、それぞれに点数をつけてもらい、好ましい性格と好まれない性格をリストにしました。

　好まれる性格として誠実でまじめ、実直で信用できる、知的で分別のあり頼りになる、心が広く思慮深いなどが上位に挙がり、好まれない性格

> **WORD** 性格…それぞれの個人を特徴づけている一定の傾向性のこと。語源はギリシャ語の「刻みこまれたもの」で、簡単には変わらないもの、長時間持続するものを指す。

ココロファイル ❶

アンダーソンの性格分類

実験 アンダーソンは、100人の学生を対象に「好まれる性格・好まれない性格」についてのアンケート調査を実施。555の性格を表現したリストを見せて、それぞれに点数をつけてもらい、好まれる性格と好まれない性格を抽出した。

好まれる性格		好まれない性格	
01 誠実な人	06 信用できる人	01 うそつき	06 信用できない人
02 正直な人	07 知的な人	02 いかさま師	07 不快な人
03 理解のある人	08 頼りになる人	03 下品な人	08 意地悪な人
04 忠実な人	09 心の広い人	04 残虐な人	09 卑劣な人
05 実直な人	10 思慮深い人	05 正直でない人	10 だます人

結果
- 「好まれる性格」ベストテンのうち、「誠実な人」「正直な人」「忠実な人」「実直な人」「信用できる人」は「**ウソをつかない人**」に集約できる。
- 「理解のある人」「頼りになる人」「心の広い人」は「**包容力のある人**」に集約できる。
- 「知的な人」「思慮深い人」は「**聡明な人**」に集約できる。

→ 男女を問わず、「ウソをつかない人」「包容力のある人」「聡明な人」が求められていることがわかる

PART 1 自分を知れば、人生は楽になる　人から好かれやすい性格とは

豆知識　なぜ人は不機嫌になるの？

不機嫌の理由は、自我消耗説で説明できます。何かを自制する力は有限な資源のようなもので、ある領域で自制してしまうと、他の領域で自制しにくくなり、結果的に不機嫌になるというものです。ダイエット中などにイライラしやすいのは、こうした理由によるものです。

には、うそつき、下品、信用できない、残虐、意地悪、卑劣などの項目が上位にきました。納得がいく人も多いでしょう。

それに加え、心理学的に人から好まれないのが、**不機嫌な人**です。ドイツの詩人ゲーテも「人間の最大の罪は不機嫌である」と述べていますが、不機嫌な人は周囲を不快にします。逆に、明るい人は周囲を楽しくします。そういう人の周りに、人は集まってくるのです。

❶WORD 不機嫌…不機嫌な人の心理は相手に同情・愛情を求め、甘えているからという説もある。ただ、結果的には相手を不愉快にし、反感を買う場合が多い。

自分を知る 04

「なりたい自分」になる方法

演じているうちに、なりたい自分に近づいていく

与えられた役割を演じて精神面まで変化する

性格を変えることは困難ですが、不可能ではありません。具体的には、たとえばあなたが悲観的な性格で、もっと楽観的な性格になりたいとしましょう。その場合は、楽観的な自分を演じる、たったこれだけです。もちろん、演じてみたところで、すぐにそうなれるとは限りません。ただ、人は演じているうちに、なりたい自分に近づいていくのです。

そのことはアメリカの心理学者ジンバルトが行ったスタンフォード監獄実験という有名な実験で確かめられました。この実験は一般から募集した男性を看守役と囚人役に分け、模擬監獄をつくってそれぞれの役を演じてもらう実験でした。スタート

WORD 役割…人が社会や集団の中で占めている位置に対応した行動のパターンのこと。「男らしさ」「女らしさ」など、慣習や伝統などによって決められるものが多い。

願いがかなう「クーエの法則」

クーエの法則とは、暗示心理学で有名なフランスのエミール・クーエ医師が発見した法則です。

> **クーエの法則**
> 「意志と想像が一致したときには、その力は足し算ではなく、かけ算になる」

⬇

自分が「こうしたい」という意志と、それが実現したときの光景やイメージ（想像）が一致すると、実現の可能性が高くなる。

楽観的な人間になりたいなら…

❶ 楽観的な人間になろうという意志をもつ。

「楽しもう」

❷ 楽観的な人間になったときの自分の姿を思い描く。

➡ ❶と❷を両方やれば実現の可能性が驚くほど高まる。

して間もなく、看守役は**傲慢**（▼P75）になり、囚人に対し居丈高に振る舞うようになりました。囚人役は卑屈になり、看守役にこびを売ったり、無力感になったりし始めました。

つまり、人間は与えられた役割であっても、演じているうちに精神面まで変化することがわかったのです。

このことから、自分が望む性格をもつ人物を具体的に思い描き、その人物を演じ続けていれば、比較的短時間で性格を変えることができるといえるでしょう。

豆知識 自分で決めることが大事

性格を変えるために大切なのは、「なりたい自分」になろうと自分で決めること。人間は自己暗示にかかりやすい反面、どこか醒めた目で自分を見ていたりもします。性格を変えたいのなら、自分の思いを信じて演じ続けましょう。

WORD 自己暗示…自分自身に対し、ある観念や言葉を繰り返して定着させ、その観念や言葉に沿った行動ができるようにすること。

自分を知る 05

人を表情だけで判断してしまう

表情だけでは本当の気持ちはわからない

表情はつくれても手足はごまかせない

人は「見た目」でもある程度は判断できますが、**表情**ばかりに注目し、手足の動きやポーズを無視していると、本心がわからなかったり、ごまかされたりすることがあります。

こんな実験があります。悩みを抱えている人が「とても幸福です」とウソをついているシーンを撮影し、①首から上だけ、②首から下だけ、③体全体、の3つの動画を一般の人に見てもらったのです。

首から上の動画を見た人は「友好的」「義理堅い」「温かい」「感受性豊かで愛情が細やか」などと、首から下の動画を見た人は「緊張している」「神経質」「迷っているよう」「心配ごとがある」などと、全体を見た

WORD 表情…感情に応じて主として顔の表面にあらわれる変化。人の顔面には表情筋が発達、その収縮によって、いろいろな表情をつくる。

ボディ・アクションから相手の気持ちを読み取る

からだの動きやポーズから、相手の考えていることを、ある程度読み取ることができます。

●足の開き方、組み方

1 足を開いている

→ リラックスしており、あなたに対して心を開いている。

2 足を固く閉ざしている

→ 自分を閉ざし、あなたを警戒している・拒否している。

3 女性が男性の前で、足を深々と組んでいる

→ あなたに対して、関心（特に性的関心）をもっている。

●男女のしぐさ

1 女性が男性のからだに触れてくる

→ タッチングと呼ばれるボディランゲージのひとつで、好意を伝えている。

2 女性がテーブル中央のカップを脇に寄せる

→ ふたりの間の障害を取り除きたいという気持ちの表れ。

人は「活動的で、変わりやすい」「機敏」などと感想を述べました。

つまり、動画から本当の気持ちを突き止めたのは、首から下の動画を見た人だけで、それ以外の人は表情にだまされていたのです。表情に心理や気持ちが表れるのは常識ですから、本心を隠したい人は表情をつくってごまかそうとします。

一方で、足や手には、それほど神経が行き届きません。ですから、相手の本当の気持ちを見抜こうと思うなら、顔だけでなく、足手の動きにも注意を払いましょう。

> **豆知識 コミュニケーションの種類**
>
> コミュニケーションには言葉による言語的（バーバル）コミュニケーションと、表情や姿勢、身ぶり・手ぶりなど言葉によらない非言語的（ノンバーバル）コミュニケーションがあります。

◎WORD ▶ コミュニケーション…人間や動物の間で行われる意志や感情、思考などのやりとり。音声や身ぶり・手ぶり、文字、電気信号などによって行われる。

自分を知る 06

体型と性格は一致する?

体型による性格分類で人間関係を円滑に

肥満、やせ、筋肉質…体型と性格の関係

「あの人は太っているから、包容力がありそう」「彼はやせているから、気難しい」と体型によって性格を判断することがありますが、あながち間違いとはいえません。**クレッチマー**が提唱する**性格分類**は、人の性格と体格には一定の関連性があると考えるもので、**肥満型、やせ型、筋肉質型**の3タイプに分けています。

肥満型は**躁うつ気質**で、明るく社交的な人が多く、親切。ユーモアがあり、接して楽しいタイプですが、ムラっ気があり、突然、落ち込んでうつ状態になることもあります。

やせ型（細長型）は**分裂気質**で、もの静かで控えめ。自分の世界に閉じこもりがちです。神経質で生真面

WORD クレッチマー…ドイツの医学者・精神科医。人の気質・性格を研究し、豊富な実例をあげて、「肥満型」「痩せ型」「筋肉質型」の3類型に分けた。

クレッチマーの性格類型

クレッチマーは人の性格と体型には一定の関連性があると考え、体型と気質を結びつけた3つの類型（肥満型・やせ型・筋肉質型）に分類しました。

肥満型	やせ型（細長型）	筋肉質型

躁うつ気質（循環気質）	**分裂気質**	**粘着気質**
明るく社交的で、人に対して親切。ユーモアがあって楽しいが、むらっけがあり、何かの拍子に落ち込むこともある。性格は温厚。	もの静かで、控えめ。自分の世界に閉じこもりがちで、非社交的。神経質で、まじめ。他人の言葉にすぐ反応するが、周囲には無頓着な面もある。	几帳面でねばり強く、頑固。まじめで、正義感も強いが、適当なところで妥協しないので、扱いにくい面も。興奮しやすく、急に怒り出すこともある。

目。周囲の言葉にすぐ反応するタイプと、周囲に興味がなく、人間関係に無頓着なタイプがいます。

筋肉質型は**粘着気質**。几帳面で粘り強く頑固。正義感も強いのですが、その分、こだわりも強く、言い出したら聞かなかったり、気に入らないと怒り出したりすることもあります。

あくまで一般論ですが、体型から自分や相手の性格をある程度推測し、その長所を伸ばして欠点を抑えるようにすれば、人間関係での苦労を減らすことができるかもしれません。

豆知識 自分の性格の傾向がわかる

自分ではわかっているつもりでも自分の本当の性格は、なかなかわかりません。ユングの性格分類や体型による性格分類という尺度を取り込むことで、自分の性格の傾向がわかり、見えていなかった「気づき」を与えてくれます。

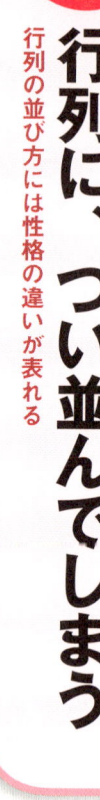

行列に、つい並んでしまう

行列の並び方には性格の違いが表れる

行列によく並ぶ人は他人に影響されやすい

町やショッピングモールを歩いていて行列を見つけると、わけもなく並びたくなることはありませんか？

もしそうなら、あなたは*他人志向型*の人であるといえます。他人に影響されやすく、深く考えずに列に並んでいることも少なくありません。

行列の並び方には、人の性格が表れます。日本人で最も多いのが、行列で不平も言わず、ただじっと待っているタイプ。辛抱強い性格で、感情を表に出さないため、本心をつかむのに時間がかかります。

待っているときにイライラして不平を言い出すタイプには、3通りあります。ひとつは積極的に状況を変えようとする能動的な人、ふたつ目

> **WORD** 他人志向型…ものごとを自分の判断で決められず、他の人に委ねてしまう傾向が強いタイプ。同調行動（他の人と同じ行動をしてしまうこと。▶P34）をとることが多い。

行列の並び方に見る性格の違い

行列の並び方には、その人の性格が表れるといわれています。
あなたはどのタイプでしょうか？

1 行列で不平も言わず、ただじっと待っているタイプ

➡ 辛抱強い性格で、感情を表に出さない。なかなか心情や意見を口に出さないので、本心・本音をつかみづらい。

2 待っているのにイライラして不平を言い出すタイプ

ⓐ 積極的に状況を変えようとする能動的な人
➡ 係の者と交渉し、開店を早くさせたり窓口を増やさせたりするなど、待ち時間を減らすために行動する。

ⓑ 親和欲求が強く仲よくなりたい人
➡ 周囲の人とコミュニケーションがとれれば満足する。

ⓒ ストレスに弱く、ガマンがきかない人
➡ エスカレートすると、係の者を大声で叱責したり、騒ぎを起こしたりする。

3 短い列に移動したり、すぐに列を替えようとしたりするタイプ

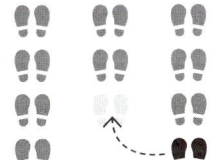

➡ 気が短く、おっちょこちょい。先を見通すのが苦手。行列に並ぶことを楽しむことも。

は**親和欲求**が強く、心情を吐露することで周囲の人と仲よくなりたい人、3つ目はストレスに弱く、ガマンがきかない人です。

列が複数あると短い列に移動したり、すぐに列を替えようとするタイプは気が短く、おっちょこちょい。先を見通すのが苦手で、やや刹那的なところがあります。

前の人を押したり、列に割り込もうとしたりするタイプは**自己中心的**で、わがまま。自分の主張や意見を無理やり通そうとするので、周囲から反発されます。

豆知識 行列に並び方に出る文化の違い

以前、フィンランドのとあるバス停の写真が話題になりました。その写真を見ると、待っている人と人の間が1〜2メートルと、かなりゆったりした行列だったのです。行列の並び方には文化の違いも表れるのです。

WORD 親和欲求…人が、他の誰かと一緒にいたいという気持ちのこと。親和欲求の強い人ほど、電話や手紙を書く回数が多くなる。

自分を知る 08

座る場所には本心が表れる

どこに座るかは相手との親密度を表す

座る場所選びにも配慮が必要

席が自由に選べるミーティングや打ち合わせで、どの席につくかによって、その場にいる相手との親密度やその人の性格がわかります。

あなたが部屋に入ったとき、誰かがテーブルに座っていたとしましょう。そのときあなたは、その人に対して、どの位置に座るでしょうか。

テーブルのコーナーをはさんで90度の位置に座るなら、あなたは相手に好意をもっていると考えられます。本音で話し合い、相手の意見に耳を傾けやすい位置関係です。

隣に座ったなら、その相手との親密度は高く、協力したい、いっそう親しくなりたいと思っています。

また、公式な打ち合わせであり、

WORD 親密度…自分と他者との人間関係の強さを示す言葉。一般的に親密度が強ければ、接触時間・頻度、共行動(一緒に行動すること)の時間が多くなる。

テーブルの座り方に見る心理

テーブルのどの位置に座るかで、相手との親密度や態度がわかります。

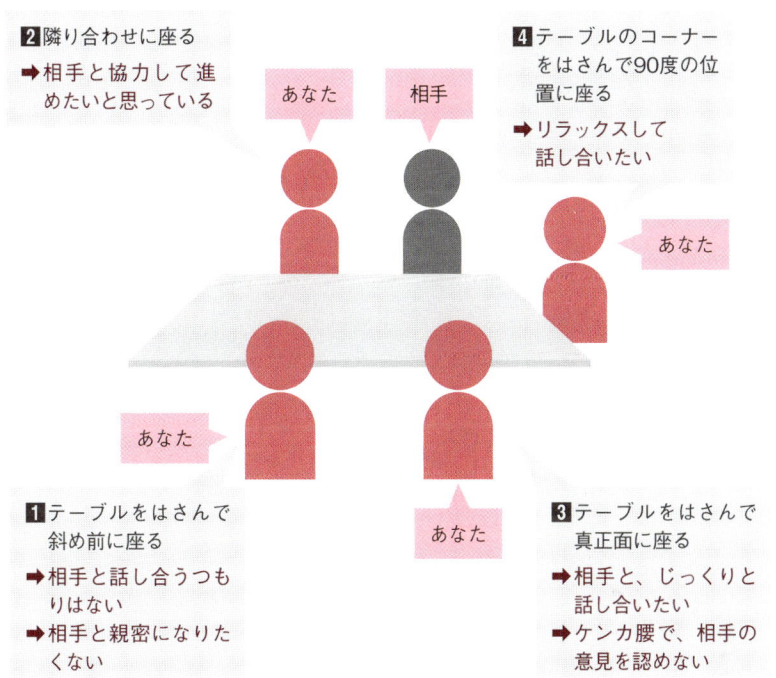

2 隣り合わせに座る
→ 相手と協力して進めたいと思っている

4 テーブルのコーナーをはさんで90度の位置に座る
→ リラックスして話し合いたい

1 テーブルをはさんで斜め前に座る
→ 相手と話し合うつもりはない
→ 相手と親密になりたくない

3 テーブルをはさんで真正面に座る
→ 相手と、じっくりと話し合いたい
→ ケンカ腰で、相手の意見を認めない

打ち解けた席ではない場合、テーブルをはさんで正面の位置に座る相手とは、じっくり話し合えるか意見が対立する可能性が高いといえます。

そして、テーブルをはさんで、斜め前に座った場合、相手との距離も遠く、あなたはその相手とそれほど親密な**人間関係**をつくろうとは思っていません。

このように、座る場所で相手との関係がわかります。うまく活用すれば、打ち合わせや会議を自分に有利な方向へもっていくことも可能になるかもしれません。

豆知識 座席選びは深層心理を反映

座席選びには本音が反映されます。あなたが先に座っている場合、相手がどこに座るかで、性格やあなたとどんな関係を築きたいかが想像できます。飲み会や会議で観察してみましょう。

○WORD 人間関係…社会や集団における人と人の関係のこと。心理学的には心理面や感情面を含めた個人と個人の係わり合いを意味する。

長子と次子、性格はどう違う?

一般的に、きょうだいの長男・長女と次男・次女は、タイプが異なるといわれます。実態はどうなのでしょうか。

長子的性格と次子的性格の違い

日本の託摩武俊名誉教授（東京都立大学）は、きょうだいに見られる性格の違いを調査しました。100項目の性格特性に対し、兄、姉、弟、妹のそれぞれによく認められるものと、ほとんど認められないものを調べ、1位から10位までを並べたのが以下の表です。

長子的性格の特徴

長子

兄	
よく認められる特徴	あまり認められない特徴
1. 責任感が強い	ちゃっかりしている
2. ずぼら	おてんば
3. 寛容である	おしゃべり
4. 指導的	衝動的
5. 気前がいい	軽はずみ
6. 思慮深い	甘ったれ
7. いばりたがる	うそつき
8. 神経質	嫉妬深い
9. 無口	反抗的
10. 意思が強い	無作法

姉	
よく認められる特徴	あまり認められない特徴
1. もの静か	開放的
2. 暖かみがある	冒険好き
3. 思いやりがある	軽はずみ
4. やさしい	ずぼら
5. 控えめ	粗野
6. 落ち着きがある	飽きやすい
7. おせっかいやき	甘ったれ
8. 親切	活発
9. 温和	ちゃっかりしている
10. 慎重	投げやり

● **長子的性格の人はこんな人**

口数は少なく、人間関係を大事にします。会話では人の話を聞く側で、争いごとや面倒なことはできるだけ避け、欲しいものがあってもガマンする傾向があります。控えめで、自制的といえるでしょう。

次子的性格の特徴

● 次子的性格の人はこんな人

おしゃべりで、ほめられるとすぐ調子に乗る一方で、叱られるとすぐシュンとなります。甘え上手で自分の意志を押し通す頑固さをもっています。奔放で依存的といえます。

長子的性格の人は遠慮せず、自分の意見や要望を出し、次子的性格の人は、より周囲に気を配ることを覚えれば、人間関係が格段に楽になるといえそうです。

次子

弟

よく認められる特徴	あまり認められない特徴
1. 冒険好き	もの静か
2. 反抗的	落ち着きがある
3. 活発	感傷的
4. わがまま	慎重
5. がむしゃら	ばか丁寧
6. 開放的	やさしい
7. 粗野	気前がいい
8. 衝動的	思慮深い
9. 軽はずみ	繊細
10. 強性	無愛想

妹

よく認められる特徴	あまり認められない特徴
1. 甘ったれ	落ち着きがある
2. おてんば	責任感が強い
3. ちゃっかりしている	思慮深い
4. わがまま	生まじめ
5. 活発	指導的
6. 嫉妬深い	陰険
7. おしゃべり	寛容
8. 早熟	勤勉
9. 明朗	気前がいい
10. 楽天的	聡明である

末子的性格の人は?

3人以上のきょうだいがいる場合、長子的性格、次子的性格に加え、末子的性格が指摘されたこともありました。ただ、現代はふたりきょうだいが多く、末子的性格は次子的性格に吸収されました。

自分を知る 9

斉一性への圧力が同調行動を促す

流行に乗れないと不安

流行に乗るのは同調行動の一種

あなたが流行の服を次々に買ってしまったり、流行っている店に並んだりすることが多いとしたら、他の人に影響されやすい**他人志向型**（▼P.28）の人であるといえます。

他人志向型とは、日頃からテレビやネットの情報、自分の周りにいる人たちの言動に強い関心を持ち、多数派の意見や考え方、流行などから外れないように気を配っている人のことをいいます。

「流行に乗り遅れたくない」「目立ちたくない」「みんなと同じことをしたい」という無意識な心理を**斉一性への圧力**と呼び、**同調行動**に追いやるバネの役割を果たしています。

同調行動をとる人は、自分の意見や

WORD 同調行動…自分の信念や意見、欲求を曲げて、多数派の意見や行動に合わせてしまうこと。多数派からの批難や攻撃を回避するための自己防衛行動と考えられる。

同調行動の3類型

心理学者のケルマンは、同調行動のタイプを心理的な要因別に次の3つのタイプに分類しました。

屈従的同調

そうですね

違うと思うけど…

他者から好かれたり認められようという思いから、あるいは嫌われたりのけ者にされたくないという思いから、その意見に疑問を抱いていたとしても、表向きは同調してしまうこと。社会的報酬を得るための手段としての同調といえる。

内在化による同調

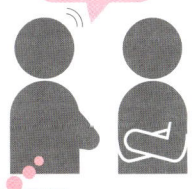

そうですね

なるほど！納得！

他の人の意見や判断した結果について聞き、それについて考えてみた結果、納得ずみで同調すること。自分の中の価値体系の中に組み入れることで、相手の意見と同じものに自分の意見を変えるので、心からの同調といえる。

同一化による同調

そうですね

みんながそう言うなら

憧れの人や、魅力的だと感じる集団と一緒にいるときに、その人や集団が下した判断や態度に従うこと。相手と関係しているときは、進んでその意に沿った意見を表明する。その時点では実際にそうだと思い込んでいるという同調。

好みは隠して、多数派の意見や行動に合わせます。同じ行動をしていれば、多数派から批難されることはありません。

流行や行列は人目を引くので、他人志向型の人を集めやすいうえ、人と同じ行動をさせる斉一性への圧力も働き、人が大勢集まることによる**群集心理**も後押しします。流行や行列に乗せられやすく散財しやすいという自覚がある人は、いったん対象から距離を置き、冷静に考えたうえで、購入するかどうか決めましょう。

豆知識 行列はお祭りと同じ

人が大勢集まると、お祭りと同じように群集心理が働きます。人は衝動的になり、判断力や理性が低下し、他の人と同じ行動をするようになり、いっせいに動くことから、事故などの危険性も高まります。

WORD 群集心理…群衆のなかで生まれる特殊な心理状態。興奮して、我を忘れ、衝動的・非論理的な行動をしてしまう。判断力も低下しているので、大勢に影響されやすい。

自分を知る 10

優柔不断な性格を変えたい

自信移転の法則で度胸をつける

人生や生活で損をしないために

なにかを決断しなければいけないのに、ずるずると延ばしてしまって、なかなか決断できなかったという経験はありませんか。最初から即断即決できる人は稀で、若いころや経験が足りないうちは優柔不断でもしかたがありません。

ただ、結論を先延ばしにしているうちに、どんどん条件が悪くなって、どんな決断をしたとしても、たいしてプラスが得られないこともあります。人生や生活で損をしないためには、いざというときの素早い決断が求められます。

そんなとき、「えいやっ」と結論を出すためには度胸が必要です。度胸をつけるためには、なにかひとつ

WORD 優柔不断…決断しなければいけないのに、決断できないこと。決断そのものを恐れる「臆病」さ、変化することへの「不安」、データが少ないため決定できない「完璧主義」などが要因になる。

自信移転の法則

優柔不断は経験不足によることが多いので、自信をつける成功体験を重ねましょう。徐々に優柔不断を克服していくことができます。

現状

ずるずる先延ばしして、結局、間に合わなかった…

優柔不断で決定するのが遅れる・先延ばししてしまう。

度胸をつける

「自信移転の法則」を実践してみる。

はじめは何か簡単なことをやってみる

→ できた！

↓

成功体験が得られる

→ 自信がつく

↓

もっと難しいことにも迷わずチャレンジできるようになる

↓ 繰り返す

繰り返すことで、少しずつ優柔不断さがなくなっていく

得意なことをやってみて、その自信を踏み石にして、はずみをつける方法があります。

これを**自信移転の法則**といいます。これは、たとえば、まずは自分が得意な分野で**成功体験を積んで自信を**つけてから、次のことに挑戦していく方法です。どんなジャンルでも、どんな小さなことでも、ひとつの成功体験を積むと、いままで無理に思えていたことでもできるような気がしてきて、一歩踏み出す勇気がわいてくるというわけです。

豆知識 やさしい問題から始める

試験を受ける場合、いきなり難しい問題に手をつけるのではなく、やさしい問題から始めれば勢いをつけることができます。これは仕事でも日常生活でも同じで、まず、やさしいことをやりとげて自信をつけてから、難しいことにチャレンジすればいいのです。

WORD 成功体験…何かにチャレンジして成功したという達成感・充実感を経験すること。「まわりに認められてうれしい」といった気持ちからなっている。

自分を知る 11

なぜか好きになれない人がいる

ポジティブな情報を先に伝えると印象がよくなる

先入観で好き嫌いを判断してしまう

どんな人にも、ひとりやふたり好きになれないと思う人がいるものです。ただ、相手のことをほとんど知らないのに遠ざけてしまうのは、早まった考えかもしれません。たいして話もしていないのに嫌ってしまうのは**先入観**で判断したり、第三者から聞いた情報に左右されたりしているからです。

アメリカの心理学者アッシュは、同じ人物でも、紹介する際の言葉の順番によって印象が変わることを立証しました。紹介者が「ボジティブな表現（知的）→「ネガティブな表現（頑固）」の順番で言うと、好ましい人物だという印象を与え、「ネガティブな表現（頑固）→ポジティ

WORD 先入観…前もって抱いている固定的なイメージ・観念。それによって自由な思考が妨げられる。

最初の情報が人の印象を決める

アッシュは、人を紹介する際の言葉の順番によって、その人の印象が変わることを立証しました。

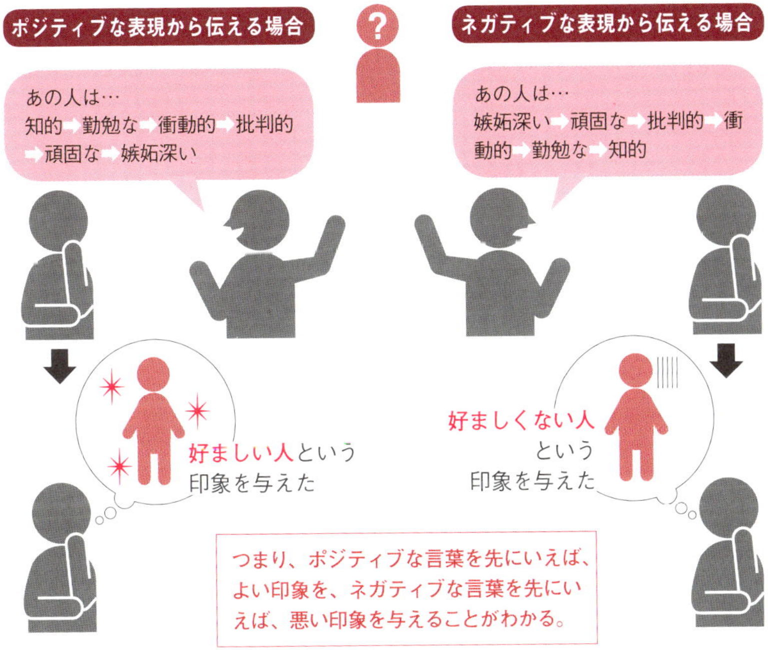

ポジティブな表現から伝える場合

あの人は…
知的 → 勤勉な → 衝動的 → 批判的 → 頑固な → 嫉妬深い

好ましい人という印象を与えた

ネガティブな表現から伝える場合

あの人は…
嫉妬深い → 頑固な → 批判的 → 衝動的 → 勤勉な → 知的

好ましくない人という印象を与えた

つまり、ポジティブな言葉を先にいえば、よい印象を、ネガティブな言葉を先にいえば、悪い印象を与えることがわかる。

PART 1 自分を知れば、人生は楽になる　なぜか好きになれない人がいる

ブな表現（知的）」という順番で言うと、逆の印象を与えました。

あなたがある人を嫌っているのも、先入観や第三者情報によって悪い印象がつくられたからかもしれません。先入観をもつと、相手と接触しても**確証バイアス**がかかり、悪いところばかり発見することになりかねません。いったん先入観や先行情報は捨てて、実際に話したときの言葉や表情、しぐさ、印象などをもとに相手の人物像を組み立ててみると、新たな人間関係が広がるかもしれません。

使える！心理テクニック

先入観を捨ててじっくり話す

なんとなく虫が好かない相手でも、じっくり話し合ってみましょう。意外に趣味が同じだったり、あなたにとってかけがえのない人物になったり、何らかの利益をもたらす可能性もあります。

WORD 確証バイアス…先入観をもっていると、その先入観に沿って情報を集めたり判断が片寄ったりするため、対象を評価する際にバイアス（偏り）がかかってしまい、正当な判断ができないことをいう。

自分を知る 12

嫉妬深い自分が嫌い
嫉妬をプラスのエネルギーに変える

嫉妬心を向上心にうまく変換させる

　嫉妬＊することは、人間である以上、避けられません。友人の容姿や能力をねたんだり、ライバルの成功をうらやんだり。生まれてから一度も嫉妬しなかった人はいないでしょう。

　嫉妬は、生後18か月ごろに生じるといわれています。親の愛情を一身に受けて育った第一子が「親や身近な人との愛情関係が脅（おびや）かされる」と感じると強い嫉妬心が生まれます。嫉妬の対象は自分の弟や妹。親の愛情を奪われるのではないかとの不安から、弟や妹の頬をつねったり、頭を叩いたりします。

　嫉妬がいけないのは、**自分を相手の境地に高めようとするのではなく、相手を自分の境涯に引きずりおろそ**

> WORD ▶ 嫉妬…自分より優れたところのある者、愛情をそそがれる者をうらやんだり、妬んだりすること。

40

嫉妬と独占欲

嫉妬は、あるものや人を自分だけのものにしたい独占欲と結びつきやすいといえます。嫉妬と独占欲には、自分だけでなく相手の動きも縛ってしまうという弊害があります。

嫉妬
自分のものだと思っていた愛情などが、自分以外の人に向けられたときなどに生じる負の感情。

独占欲
愛情などを自分だけのものにしたいという思い。独占欲の強い人ほど嫉妬しやすいといえる。

独占欲の弊害
- 相手をつなぎとめたいために、相手の言いなりになってしまう。
- 相手の行動を縛ろうとするので、相手が不快感を覚え、関係が決裂しやすくなる危険性がある。

独占欲を抑える、もしくは解消させる方法

- 具体的には、相手に対するあなたの行動を紙に書き出す。
- 逆効果になってしまった行動をチェックする。
- それらの行動の結果、どのようになるのか予想する。
- それらの行動を今後しないよう、自分に言い聞かせる。

「連絡する回数を減らそう」

うとする負の行為を生んでしまうことです。相手の悪口を言ったり足を引っ張ったりと、それが露骨になると人間関係は悪化しますし、相手にとっても自分にとっても利益にはなりません。

嫉妬を抑えられない自分に対し怒りを感じ、自己嫌悪に陥ることもあります。嫉妬心に駆られたら、「あの人には負けたくない」というプラスの気持ちに変えて、自分自身を向上させるエネルギーにしていくことが大切です。

豆知識　焼きもちを焼く

「焼きもち焼くとて手を焼くな」ということわざがあります。焼きすぎると自分の手まで焼いてしまう、つまり自分の身を滅ぼすことにもなりかねません。焼きもちを、自分を成長させるエネルギーに上手に変えていきましょう。

WORD 自己嫌悪…自分が自分をイヤになる状態。なんらかの失敗をしたときや、負の感情が生じたときなどに、わきあがってくる感情。

自分を知る 13

せっかちは病気になりやすい

仕事好き、誰からも好かれる「いい人」は特に注意

行動パターンの中に潜むストレス源

　緊急時でもないときに、赤信号に引っかかるとイライラしますか？ それとも、静かに青に変わるのを待ちますか？ 前者ならせっかち、後者ならのんびり屋だといえます。

　アメリカの医学者フリードマンとローゼンマンは、せっかちな性格の人を、**タイプA**と呼びました。向上心が強く、野心家。自分に厳しく、周囲に対しても不満やイライラを感じています。仕事好きで、疲労やストレスに気づかないまま限界まで働いてしまいます。

　一方、のんびりした性格の人を**タイプB**としました。マイペースで温厚、競争が苦手で*ストレスを受けることが少ない性格です。この両者を

> **WORD** ストレス…心身にかかる外部からの刺激（ストレッサー）に適応しようとして、心やからだに生じるさまざまな防衛反応。その反応は、心理面と身体面、行動面の3つに分けることができる。

性格の3分類とストレスの関係

ストレスをためやすいかどうかで性格を分類すると、次の3つに大別されます。
タイプAとタイプCに当てはまる人はストレス対策を心がけましょう。

タイプA
- 目標を達成したいと強く感じている
- 人に負けたくない
- 野心家である
- いつも時間がないと感じている
- せっかちでイライラしている
- 他人の評価を気にする
- 早口でセカセカ歩き、早食い
- いらだちを態度や言葉に出す

タイプB
- 仕事を抱え込みすぎない
- 家族や趣味など、プライベートを大切にする
- マイペースでのんびりしている
- 他人の評価を気にしない
- 競争を好まない
- 失敗を引きずらない
- 楽観的である

タイプC
- 自分より他人のことを優先する
- ネガティブな感情を表に出さない
- 真面目で几帳面
- 自己主張をしない
- 周囲に気を遣う
- 「いい人」と評価されることがよくある
- 我慢強い

PART 1 自分を知れば、人生は楽になる　せっかちは病気になりやすい

比べると、タイプAはBより2倍も、心臓疾患や高血圧の危険性が高いことが報告されています。

またアメリカの心理学者テモショックは「がんになりやすい性格」であるタイプCも発見しました。周囲に気を遣い、我慢強いことから、ストレスをためやすいとされます。

もしタイプAやCのようにストレスの影響を受けやすい性格なら、定期的にストレス解消（▼P58）を心がけましょう。また自分の性格を振り返り、ストレス源となる行動を意識して減らしていくことが大切です。

豆知識　日本に多いタイプAは協調型

日本人はタイプAが多いのですが、大きな特徴である「競争心」は低いようです。国際的に競争が激化する昨今ですが、健康のためにも和の心を大切にしたいものです。

自分を知る 14

血液型や占いを信じやすい

誰にでも当てはまることを自分の都合で解釈する

血液型・占いには明確な根拠はない

朝の情報番組などで紹介される「本日の運勢」を見て、自分の運勢がよくないとガッカリしたことはありませんか。なかには「占いの結果が最悪。今日はうまくいかない」と意気消沈してしまう人も少なくありません。

血液型や星座による占いを信じやすい人の特徴は、「大胆だが、繊細な部分もある」「まだ生かしきれていない才能がある」といった、誰にでもあてはまる話を自分だけにあてはまると考えてしまう傾向があります。これをバーナム効果といい、アメリカの心理学者ポール・ミールが興業師のフィニアス・テイラー・バーナムにちなんで命名しました。

○WORD　フィニアス・テイラー・バーナム…アメリカの有名な興業師で、見せ物やサーカス、博物館経営で名をあげた。バーナム効果を利用した見せ物を行い、大当たりをとった。

ココロファイル❷

バーナム効果を立証した実験

実験 1948年、心理学者フォアは学生たちに、星占いなどでよく見かける下記のような文章を見せ、自分にあてはまっているかどうかを0（まったく異なる）〜5（非常に正確）の5段階で評価させた。

- あなたは他人から好かれたい、賞賛してほしいと思っているが、それにもかかわらず自分を批判する傾向にある。
- あなたは生かしきれていない才能を持っている。
- あなたは外見的には規律正しく自制的だが、内心ではくよくよしたり、不安になったりする傾向がある。
- あなたは外向的・社交的で愛想がよいときもあるが、一方で内向的で用心深く、遠慮がちなときもある。

「自分にあてはまる」
「私も」

結果 平均点は4.26。大半の学生が大半の文章を「あてはまっている」と評価したことになる。

「自分のことを言われているみたい」
「うん」

PART 1 自分を知れば、人生は楽になる　血液型や占いを信じやすい

そもそも血液型や星座占い、誕生日占いなどには明確な根拠があるわけではありません。あくまで遊びとして楽しむなら問題ありませんが、「あの人は血液型がB型だから、いいかげん」といった偏見や先入観をもったり、「今日の運勢はよくないから、約束をキャンセルしよう」などと、行動が左右されるようになったりしたら本末転倒です。あまりに気になるようなら、「占いコーナーは見ない」など、情報を遮断するのも、ひとつの方法です。

豆知識　血液型・占いの問題点

血液型や占いの問題点は、一定の特徴を持った人をひとくくりにして決めつけてしまうステレオタイプなものの見方になっていること。ステレオタイプなものの見方は偏見や先入観が生まれやすく、注意が必要。

WORD ステレオタイプ…一定の現象に対し、ある集団内で広く共有されている先入観や固定観念、偏見などの単純化されたイメージのこと。類型、紋切型。ステロタイプともいう。

自分を知る 15

勉強や仕事をすぐに始められない

決まった時間が来たら始めることを習慣に

習慣化して達成動機を強くする

試験が近づいているのに、勉強をなかなか始められない。明日が企画書の提出期限なのに、他のことをしてしまって、手をつけられずにいる。そんなことがたびたびあるようなら、あなたは**達成動機**が弱い人です。

達成動機とは、課題や目標をできるだけ早く達成しようとする気持ちのこと。達成動機が強い人は課題や目標が与えられるとすぐに取りかかりますが、そうでない人は、何かと理由をつけていつまでたっても始めようとしません。

こうした**習慣**をあらためるためには、達成動機を強化する必要があります。その方法のひとつは、すぐに始めるクセをつけること。「お茶を

Q WORD ▶ 達成動機…高い目標を掲げ、障害に負けず、その目標を実現するために努力しようとする動機。

46

達成動機を強化する方法

達成動機を強化する方法には、「内発的動機づけ」と「外発的動機づけ」があります。

内発的動機づけ

自分の内部で達成動機を強くする方法。具体的には、以下のふたつのやり方がある。

1 目的を明確にする

大学受験であれば、なんのために大学へ行くのか、大学へ行って何がしたいのかなどを明確にする。目的が明確になれば、その目的を実現したい気持ちが達成動機を強くする。

2 目的を達成するために小さな目標を立てる

受験勉強であれば、何日（何時）までにこの範囲を終わらせようという小さな目標を立てる。期日（時間）が近づいたのに、まだ手をつけていなければさすがに焦り、やらざるを得なくなる。いったん始めれば続けることが苦痛ではなくなる。

外発的動機づけ

義務、賞罰、強制など、自分の外側からの刺激によって達成動機を強くする方法。大学受験であれば、「合格したら、○○を買ってあげる」などとニンジンをぶら下げたり、「今年合格しなかったら面倒はみない」とプレッシャーをかけたりするなどして、達成動機を強くする。

> 合格したら車を買ってあげる

飲んでから」「ゲームをしてから」と考えると、あっという間に時間は過ぎていきます。ひと呼吸置かずに、やりやすいところからでかまわないので、とにかく手をつけましょう。

もうひとつは、**勉強する時間を決めて、その時間になったら半自動的に机の前に座る習慣をつけること**。歴史学者のアーノルド・トインビーは、高齢になっても毎朝9時に机の前に座ることを習慣にしていました。机の前に座るといやおうなく勉強を始めざるを得ないので、効果的です。

豆知識　とりあえず、すぐに始める

最初は、すぐに始めること自体を目標にします。どんなことであっても、すぐに始められれば目標達成。大いに自分をほめてあげましょう。何度か繰り返して習慣になれば、すぐに始めることが楽しくなります。

WORD 習慣…長い間繰り返し行っていて、そうすることが決まりやルールのようになっている行為。クセ。

ココロがわかる！ 心理テスト ①

好きな図形を選ぼう

Q 以下の5つの図形のなかから、「これだ」と思うものを選んでください。

❶ Z型

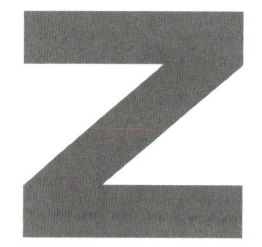

❷ 正方形

❸ 三角形

❹ 丸型

❺ 長方形

解説 ➡ P186

PART **2**

自分を好きになる
心理学

自分のことが嫌いですか？ ささいなことでイライラしたり
誰かに怒ったりしていいませんか？ ここでは、自分を客観的に見つめ、
好きになるためのヒントを教えます。

自分を好きに 01

本当の自分を知るには

誰しも「自分も知らない自分」が心の中にいる

自分をさらけ出して未知の自分に気づく

自分のことは自分が一番よく知っていると思いがちですが、それは誤りです。どんな人の心にも「知らない自分」が眠っているのです。

左ページの図は**ジョハリの窓**といって、心理学でよく用いられる自分を知るためのヒントとなるモデルです。これによると、**自己**（自分自身）は次の4つの窓（領域）によって形成されるといいます。

① 開放領域＝自分も他人も、知っている。
② 秘密領域＝自分だけが知っている。
③ 盲点領域＝他人だけが知っている。
④ 未知領域＝自分も他人も知らない。

「本当の自分」を知るということは、これらのうち、自分が知らない部分

> **WORD** ジョハリの窓…アメリカの心理学者ジョセフ・ルフトとハリー・インガムが公表したもので、2人の名をとってこう呼ばれる。自分を知りたいときや人間関係に悩んだときなどに使うモデルのこと。

50

心の4つの領域を表すジョハリの窓

ジョハリの窓を利用すれば、自分を客観的に見つめることができます。

	自分は知っている	自分は気づいていない
周囲の人は知っている	**① 開放の窓** 自分が知っている自己であり、他人に対してもオープンにしている部分	**③ 盲点の窓** 他人の目に見えている自己。指摘されなければ自分では気づかない
周囲の人は知らない	**② 秘密の窓** 自分では知っているが、他人に対して秘密にしている自己の部分	**④ 未知の窓** 自分も気づいておらず、他人も知らない未知の自己。さまざまな可能性を秘めている

ジョハリの窓を利用すると

開放の窓を広げる
① → ③
↓
② ④

他人に対して自らをオープンにしていく
➡ 人間関係が良好になる・より深い人間関係を結ぶことができる。

他人の指摘を素直に受け入れる
➡ 自分を客観的に見つめ、自らの欠点や優れた点に気づく。

自分の可能性に目覚める
➡ 将来の指針を立てる際の示唆となる。新しいことにチャレンジする勇気が得られる。

（図③、④）をできるだけ狭めることにほかなりません。

そのためにはまず、積極的な自己開示を行い、他人と人間関係を深めることが大切。そして、自分の盲点領域を教えてもらうことによって視野が広がり、未知領域に気づけるというわけです。

本当の自分を知れば、自分自身をコントロールしやすくなるほか、未知の分野に挑戦する勇気やきっかけが得られるという、大きなメリットがあります。

豆知識　人間関係を深めたいなら

自己開示とは、自身の情報や気持ちを隠さず伝えること。相手を信用している証であり、これによって、相手も同じ信頼で答えてくれます。これを繰り返すことで相手との関係が深まっていきます。

WORD 自己開示…相手に対し心を開き、自分の考えや趣味、家族、仕事、性格などの個人的な情報を相手に伝えること。

自分を好きに 02

ささいなことでイライラする

現代社会でますます関心が高まる「ストレス」とは

ストレスのしくみを知って適切な対処を

ささいなことでイライラする、寝ても疲れがとれない、ついついためいきをついてしまう…。そんな状況が続いていたら、**ストレス**が原因かもしれません。

今では一般的に使われている、ストレスという言葉。由来をたどると、もともとは物理学の分野で、圧力による物体の歪みを指していたようです。ストレスという用語が初めて生体に対して用いられたのは、1936年、カナダの生理学者セリエによる*ストレス学説においてです。その後、米国の心理学者ホームズらの研究をきっかけとして、心理学で扱われるテーマとなりました。彼らは、配偶者の死や離婚、結婚といったラ

○WORD ▶ ストレス学説…生体のストレス反応に関する研究。ストレスを受けると動物はいったん抵抗するが、やがて限界を迎え死亡することを明らかにした。

ストレスが起こるメカニズム

外部及び内部のストレッサーがストレスを引き起こします。

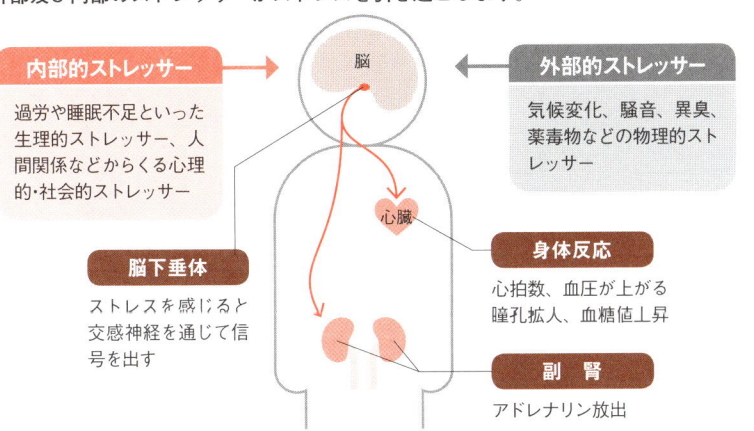

内部的ストレッサー → 脳 ← **外部的ストレッサー**

内部的ストレッサー：過労や睡眠不足といった生理的ストレッサー、人間関係などからくる心理的・社会的ストレッサー

外部的ストレッサー：気候変化、騒音、異臭、薬毒物などの物理的ストレッサー

脳下垂体：ストレスを感じると交感神経を通じて信号を出す

心臓

身体反応：心拍数、血圧が上がる 瞳孔拡大、血糖値上昇

副腎：アドレナリン放出

ストレス反応の3段階

生理学者セリエは、ストレスに対する身体反応を下のグラフのように示しました。

警告反応期
ショックにより一時的に抵抗力が弱まり、やがてアドレナリン分泌、交感神経が活発化する。

抵抗期
副腎皮質ホルモンが分泌され、心身の活動が活発になる。

疲弊期
エネルギーが枯渇し、抵抗力が弱まる。心身にさまざまな不調が表れる。

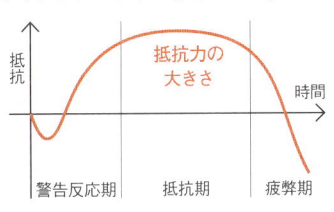

グラフ：抵抗力の大きさ（縦軸：抵抗、横軸：時間）警告反応期／抵抗期／疲弊期

イフイベントの体験と、それによる変化からの回復に必要なエネルギー量のことを「ストレス」と定義しました。

さらに「ストレス社会」と言われる現代では、ストレスに対する関心はますます深まっています。ストレスと性格の関係や、ストレスが高じると心身の病気を引き起こすことなど、さまざまなことがわかってきました。ストレスに対抗するためにも、その正体や、ストレスが起こるメカニズムについて知っておくとよいでしょう。

豆知識　心のエネルギー補給を

人間にはストレスへの抵抗力がありますが、負荷をかけ続けるとエネルギー切れになってしまいます。体に栄養が必要なように、心のエネルギー補給も大切なのです。

自分を好きに 03

何がストレスの原因になる？
身のまわりに潜むストレッサーたち

［コマ1］
ヘミ〜たいへんだね 今日もまた
課長のもの忘れがほんとにひどくてさ

［コマ2］
エミもなんか疲れてない？
忙しくて寝てないんだよね…
ちょっと〜明るい話題ないの
残業ばっかり
クマできてる〜

［コマ3］
そういえばナナミ新居に引っ越したんだよね？
前より広くなったんでしょ？

[コマ4］
それがさ〜上の部屋がうるさくってさ…子どもが走り回るの
ふー…

環境が変化する時期には要注意

ストレスの原因である**ストレッサー**は大きく3つに分類されます。

① **物理的ストレッサー**…暑さや寒さ、騒音、花粉など。

② **生理的ストレッサー**…病気やけが、睡眠不足、過労など。

③ **心理的・社会的ストレッサー**…会社や学校、家庭などの人間関係。働き過ぎや親しい人の死などネガティブなものはもちろんですが、一見して喜ばしい出来事もストレスの原因になることがあるので注意が必要です。たとえば入社や入学、引っ越しなどの環境変化は、生理的ストレスと心的・社会的ストレスの両面で負担をかけます。新入社員がかかりやすい**五月病**もそれらによって起

WORD 五月病…新しい環境や人間関係へのストレスが心身の不調となったもの。4月に入社など大きく環境が変わり、緊張が緩んだ5月頃に出やすい。

PART 2 自分を好きになる心理学　何がストレスの原因になる？

ストレスチェック表

ストレスをためすぎていないか、チェックしてみましょう。
各項目をチェックし、（　）内に以下の点数を入れてください。

よくある▶5点　　ときどきある▶3点　　めったにない▶0点

1. 最近、何事にも我慢できなくなっている　　　　　　　　　　　　　　（　）
2. 必要もないのに時計が気になる　　　　　　　　　　　　　　　　　　（　）
3. 余裕をもって行動できない　　　　　　　　　　　　　　　　　　　　（　）
4. 理屈の通らない無理な要求をする　　　　　　　　　　　　　　　　　（　）
5. かんしゃくを起こしやすくなったと感じる　　　　　　　　　　　　　（　）
6. 風邪、頭痛、消化不良、胸焼け、下痢、便秘などの心身的症状がよく表れる（　）
7. 飲みすぎたり、食べすぎたりする　　　　　　　　　　　　　　　　　（　）
8. のんびりすることに抵抗がある　　　　　　　　　　　　　　　　　　（　）
9. 誰かと会話することが少なくなっている　　　　　　　　　　　　　　（　）
10. きまじめすぎる　　　　　　　　　　　　　　　　　　　　　　　　（　）
11. 物思いにふけりがちになっている　　　　　　　　　　　　　　　　（　）
12. すぐ口論になる　　　　　　　　　　　　　　　　　　　　　　　　（　）

合計（　）

7点以下	8〜17点	18〜33点	34点以上
ストレスはほとんどありません。ただ、環境変化などで急にストレスが重くなることも。普段から、気分転換を心がけましょう。	何らかのストレスを抱えています。生活を見直し、何がストレスの原因かを突き止めて適切な対策をとりましょう。	ストレスはやや大きいと言えます。ゆっくり睡眠をとる、休日には趣味を楽しむなど、リフレッシュを心がけましょう。	非常に大きなストレスを抱えています。無理をしすぎず、ときには休むことも必要。専門家に相談するのもひとつの手段です。

こる不調のひとつです。

ストレスが蓄積されると、イライラや不安感、落ち込み、集中力の低下といった、精神的な影響が生じます。これらが高じて、**うつ病やパニック障害**（動悸や発汗、頻脈が起こったり、強い不安感に襲われたりする病気）などの心の病を引き起こすのです。

影響は精神面だけではありません。肩こりや頭痛などの不調や、ひどくなると、高血圧、胃潰瘍、十二指腸炎の原因ともなります。兆候に気づいたら、早めの対処が重要です。

豆知識　相談できる人をつくろう

親しい人が身近にいるかどうかで、ストレスへの耐性は大きく異なります。全てを自分で抱え込むことはできません。悩みを相談したり、グチを言える人をつくりましょう。

WORD うつ病…ストレスの蓄積により脳機能に障害が起こり、気分の落ち込み、不眠などの抑うつ症状が続く。日本では近年急速に増えている。

自分を好きに 04

ストレスと上手につき合う

ストレスをマネジメントする方法を身につけよう

さまざまな手段で
ストレスの蓄積を防ぐ

　私たちはさまざまな**ストレッサー**に取り巻かれて生活しており、ストレス源そのものをゼロにすることは難しそうです。では、どのように対処したらよいのでしょうか。

　有効な方法として、**ストレス・マネジメント**が挙げられます。**ストレス・マネジメント**とは、**ストレスをコントロールし、少しでも軽減する方法**のことです。また、そのなかでも特に、ストレッサーそのものに働きかけることを**ストレス・コーピング**と呼びます。仕事でストレスを感じているのだとしたら、職場を変えることなどがこれに当たります。

　また、**楽観的**な性格の人と、**悲観的**な性格の人とでは、ストレスの捉

WORD ▶ ストレス・コーピング…ストレスの原因を変化させる「問題焦点型」と、ポジティブな発想で感情をコントロールする「情動焦点型」の2つがある。

ココロファイル❸

受け取りようで異なるストレスの大きさ

実験 アメリカの心理学者ラザルスは4つのグループに、それぞれ異なる説明をした上でオーストラリア先住民の割礼※式の映像を見せ、ストレス反応の違いを観察した。
※割礼…成年男子への通過儀礼として、性器の一部を切除する儀式。

結果 ポジティブな説明をしたグループのストレス度は低く、ネガティブな説明をした、あるいは説明なしで映像を見せたグループはストレスを高く感じました。このことから、ストレッサーに対してどのような感情を持つかにより、ストレスの大きさが異なることが明らかになった。

	グループA	グループB	グループC	グループD
事前説明	「割礼は少年に苦痛を与える」	「これは未開文化を観察するための映像である」	「割礼の儀式は少年にとって喜びなのである」	説明はせずいきなり映像を見せる
ストレス度	高い	低い	低い	高い

PART 2 自分を好きになる心理学　ストレスと上手につき合う

え方が違います。

前者はストレス自体を楽しむ余裕があり、失敗や深刻な出来事でも前向きにとらえます。一方、後者はストレスに弱く、ちょっとした失敗や無理解を大きく考えて落ち込みます。

悲観的な性格の人は、①自分を否定的に見ることをやめる（ときにはほめてあげる）、②他人の目を気にしすぎない（自分の要望を優先する）、③完全を求めすぎない（多少のモレやヌケがあっても仕事や生活に支障はないと理解する）、の3つの視点で自分を見つめ直してみましょう。

豆知識　ストレスにもプラスの面が
たとえば新しい仕事を任されたら、プレッシャーとともにやる気もわいてくるもの。このようにストレスでも適度なものなら、自分を成長させてくれる原動力となります。

❶WORD 悲観的…ものごとを、うまくいかなくなるだろう、失敗するだろうと、よくない方向へ考えること。楽観的はその逆。どちらがよい・悪い、ということではない。

ストレスへの対処法（ストレス・コーピング）

ストレスやストレッサー（ストレスの原因）への対処法（ストレス・コーピング）には、さまざまなものがあります。ここでは米国の心理学者リチャード・ラザルスの説などをもとに、4つの代表的な対処法を紹介します。

1 問題解決型対処

ストレスやストレッサーを問題としてとらえ、問題解決の手法を使ってストレスを軽くする方法です。

① 問題を明確にする
② 問題の原因を探る
③ 複数の解決案（選択肢）を出す
④ 解決案の順番を決める
⑤ 解決案を実行する
⑥ ⑤で解消・軽減できない場合、他の解決案を実行する

■問題解決型対処の具体例

たとえば、母親があれこれ口出ししてくることで大きなストレスが生じている女性の例を見てみましょう。

① 母親の「支配」（問題）
② ストレッサーは母親（原因）
③ 「母親と面談し、説得する」「ひとり暮らしをする」などの解決案を考える（複数の解決案）
④ 優先順位をつけ、「ひとり暮らしをする」ことに決定（順番）
⑤ 親元を離れ、ひとり暮らしをする（実行）
⑥ 母親の過剰な介入がなくなり、ストレスが消えた（解消）

2 情動処理型対処

問題解決型が常に最善というわけではありません。以下のような①逃避型、②発散型、③解消型などの情動処理型対処が効果的な場合もあります。

① 逃避型…旅行に出かけるなど、ストレッサーから遠ざかる。
② 発散型…八つ当たりをしたりしてストレスを発散させる。新たな問題やストレスが生じるので、賢い対処法ではない。
③ 解消型…趣味やスポーツ、ゲーム、観劇など別の行動に打ち込むことでストレスを解消する。飲酒やギャンブルは、気分転換にたしなむ程度なら有効だが、依存など別の問題を生じる可能性がある。

3 認知的処理型対処

　自分の性格や行動パターンなどを知り、ストレスが発生する前にあらかじめ手を打ったり、ストレスをあるがままに受け入れてストレスを軽減したり、性格や情動のかたよりを修正することでストレスをコントロールしたりする対処法です。

　ストレスが発生、もしくは発生しそうになったら、心を落ち着ける瞑想法なども認知的処理型対処のひとつです。

4 社会的支援型対処

　自分の力・スキルだけでストレスやストレッサーに立ち向かうのではなく、周囲や専門家の力を借りるやり方です。以下の方法があります。
①知人や友人、上司に相談する
②家族に相談する
③精神科医やカウンセラー、セラピスト、医療機関など専門家・機関の助けを借りる

おすすめの解消法は？

　ここに紹介した1〜4の解消法のうち、もっともオススメできるのは「1問題解決型対処」と「3認知的処理型対処」です。ただ、どちらもある程度まとまった時間を必要とするので、ストレスがそれほど大きくない場合や、時間がない場合などには「2情動処理型対処」の「解消型」を採用してもいいでしょう。

　また、ストレスやストレッサーが大きかったり、自分の努力だけではどうにもならない場合は「4社会的支援型対処」を選び、積極的に周囲や専門家の助けを借りるようにしましょう。

※情動…怒りや悲しみ、驚きなどの感情の一種で、急激で一時的なもの。

自分を好きに 05

自分に対して不満がある
劣等感を克服してステップアップ

強すぎる劣等感が日常生活を阻害することも

人は誰しも、「もっとスタイルがよかったら」「年収がもっと高かったら」などと、自分に対する小さな不満を抱いているものです。ただ、なかにはこうした思いが強すぎて、行動や生き方を左右してしまうことがあります。これを**劣等コンプレックス**と呼びます。劣等感は本人が意識している感情ですが、劣等コンプレックスは無意識下に押しやられている場合も多くあります。

たとえば、「容姿に自信がない」という劣等感を抱いている人が、無意識に人づき合いを避けるようになったり、劣等感を認めたくない人が「自分は優れている」と思い込んでしまったりする場合もあります。

> **WORD** コンプレックス…過去の体験や感情が原因で、一定の物事に異常に固執するようになること。エディプス・コンプレックスなどが代表的。

コンプレックスの強さを診断する

次の各項目について点数を記入し、合計してみましょう。

| よくある ▶ 5点　　ときどきある ▶ 3点　　めったにない ▶ 0点 |

人の話を遮って自分が話すことが多い	
つい他人のあら探しをしてしまう	
目下の人に対しては強気に出るが目上の人には弱い	
必要以上に大声で笑う	
相手の話をじっくり聞かない	
よく自慢話をする	
派手なファッションや髪型が好き	
よく怒鳴り散らしたり、小言を言ったりする	
合計	

20点以上だった人は、かなり強い劣等コンプレックスを抱いている可能性がある。自慢をしたり、人の上に立とうとしたりするのは、劣等感の裏返し。見せかけの優越感で劣等感を隠そうとしている。

このままでは、人間関係がうまくいかなくなってしまうこともあり得る。まずは自分の弱点を認めてみること。その謙虚さが、人間関係を円滑にしてくれる。

一方で、よい側面もあります。心理学者のアドラー*は、劣等感を克服しようとする力が行動の原動力や成長への刺激になると考えました。たとえば古代ギリシャの哲学者デモテネスは、吃音（滑らかに話せないこと）の劣等感をバネに、当代随一の雄弁家になったという逸話があります。

まずは自分を客観的に見つめ、隠れている劣等感に気づきましょう。その上で、克服に向けて努力すれば、劣等コンプレックスが成長のための力強い味方になってくれます。

豆知識　劣等感から人を嫌うことも

強い劣等感を抱いていると、優れた他者を否定する気持ちが働くことがあります。大嫌いな人がいるという人は、その理由を考えてみましょう。隠れた劣等感が見つかるかもしれません。

◎WORD ▶ アドラー…フロイトやユングと並び、後の心理学に影響を与えたオーストリアの心理学者。「個人心理学」を創始。

自分を好きに 06

自分のことが大嫌い！

積極的になれず、自分のカラに閉じこもる

自己評価が低いと自分を好きになれない

あなたは自分のことが好きですか？　多少の不満はあるけれども、嫌いではない、と答える人が多いのではないでしょうか。人は成長の過程で常に自分を他人と比較し、自信をもったり落ち込んだりしながら**自尊心**を育てていくからです。

逆に、自分をどうしても好きになれない人は**自己評価**が低いといえます。自分のやることに自信がもてないため、何事にも消極的です。そして、そんな自分を情けなく感じ、さらに自己評価が低くなってしまうのです。「どうせ自分なんて」という気持ちが根本にあるため、ささいなことで傷つきやすく、困難に立ち向かっていく勇気がもてません。

WORD 自己評価…自分に対する評価。自己評価が高いと、失敗を恐れず積極的に行動できるようになる。これにより、人生を楽しめるかどうかが決まる。

自己評価を高めるためのテクニック

自己評価を高めるためには、成功体験をひとつずつ積み上げるのが大切。
上手に反省して、失敗を成功の糧にしましょう。

1 失敗を恐れない
多く体験すれば、それだけ多くの失敗をするものです。失敗は、より多くを学ぶための貴重な体験です。失敗を恐れず、何でもやってみる姿勢が大切です。

2 失敗の原因を分析する
失敗が全面的に自分のせいだということはあり得ません。必ず原因があり、挽回が可能なものです。時間がなかった、注意が足りなかった等々、原因をきちんと分析をしましょう。

3 原因に応じた対策をする
時間が足りなかったなら、次はより計画的に行ってみる、最後に見直してミスのないようにするなど、失敗に応じた有効な対策を決めて、次回の目標にしましょう。

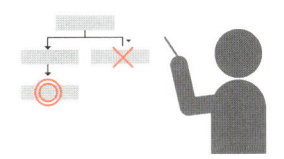

4 失敗を引きずらない
反省すべきことを反省したら、過去のことは忘れて、これからのことに頭を切り替えましょう。クヨクヨ考え込んでも、何もいいことはありません。

過去

また、**認知的斉合性理論**といって、自己評価の低い人は、他人からも悪い評価を受けたがります。ほめ言葉よりも、悪く言われるほうが安心するのです。このままでは、いつまで経っても「自分を嫌い」という感情から抜け出せません。

自己評価を高めるには、物事をプラスに受け止めましょう。また失敗を自分のせいにしないことです。原因を考え、防止する対策を考えましょう。それにより次に成功できれば、ひとつ自信がつくことになります。

使える! 心理テクニック

ベタぼめも有効
自己評価の低い人に対しては、しつこいぐらいほめてあげ、自信を持ってもらうとよいでしょう。人には、反復して伝えられる情報を信じやすい、という心理があるからです。

WORD 認知的斉合性理論…自分の認識と周囲のそれを一致させようとすること。自己評価の高い人は高い評価を、低い人は低い評価を好むのはこのため。

美しくないと幸せになれない?

自分を好きに 07
コンプレックスから逃れられない

コントロールがきかない自動思考の危険な罠

容姿に関する**劣等感**（▼P60）は誰にでもあるもの。なかでも思春期の男女や就活、婚活を行っている人にとっては大きな問題でしょう。

たしかに、「美男・美女はトク」というのはある面、真理。人は**ハロー効果**のおかげで、外見が美しければ中身もいいと思い込む傾向にあります。ただ、容姿を気にするあまり、何事にも自信がもてないとしたら、あなたは**自動思考**の虜（とりこ）になっているのかもしれません。

自動思考はその人特有の思考のクセ。困ったことに、自分でコントロールすることがなかなか難しいので す。とくに自己評価が低い人の場合、マイナスの自動思考に陥りやすいの

Q WORD ▶ ハロー効果…ハローは「後光」の意味。「美人」などのひとつの特徴が後光のような効果を及ぼし、全体が優れていると錯覚してしまうこと。

自動思考の連鎖を断ち切るには

マイナスの自動思考は、感情によって組み立てられており、論理的でないことが多いものです。冷静に順序立てて考え、思考の鎖を断ち切りましょう。

手順1 思考の一つひとつを事実と照らし合わせる

思考	事実関係	思考の流れを変えるヒント
美しくない	△	美しいとは何か、どの部分が美しくないのか、メイクなどで美しく見せることができるか
人に好かれない	△	本当に嫌われているのか 全員に嫌われているのか
合コンもうまくいかなかった	○	うまく物事を運ぶためにはどうしたらいいか
幸せな恋愛や結婚はできない	×	容姿が美しくなくても恋愛や結婚をしている人はたくさんいる。幸せとは何か
何もかもうまくいかない	×	自分にも得意なことがあるはず
自分はダメな人間だ	×	得意なことがあるならダメではない

手順2 自動思考の流れを変える

自動思考: 美しくない → 人に好かれない → 合コンもうまくいかなかった → 幸せな恋愛や結婚はできない → 何もかもうまくできない → 自分はダメな人間だ

流れをプラスに変化させる

例えば…: 美しくない → 美しくなりたい → ファッションやメイクを工夫する → 合コンもうまくいかなかった → 話し方を変えたり表情を豊かにする

で注意が必要です。「美しくない→人に好かれない→合コンもうまく行かなかった→幸せな恋愛や結婚はできない→何もかもうまくできない→自分はダメな人間だ」などと、どんどん悪いほうに考えてしまいます。

もしこういった負のスパイラルに陥っているとしたら、**自動思考の連鎖をどこかで断ち切る必要があります**。そのためには、上図のように、自動思考となっている考えの内容を冷静に考えてみることが大切です。一つひとつの結論が本当に正しいのかを検証し、思考の流れを変える努力をしましょう。

豆知識 容姿への劣等感は拡大されやすい

容姿のコンプレックスは拡大して思い込みやすいものです。人から見ると、自分で思っているよりずっと魅力的かもしれません。

WORD 自動思考…ある状況になると自然に浮かんでくる考え。過去の失敗や恥ずかしい記憶と結びつくと、気分が落ち込む原因となる。

自分を好きに 08
ブランド物が大好き!
ブランド好きは自信のなさの表れであることも

服装と身体像境界の深い関係

ブランド物が大好きで、全身を有名ブランドで固めている人が周囲にいませんか？　日本人にはブランド好きが多く、欧米の有名ブランドの多くは日本人が消費しているそうです。こうした好みにはどんな心理が表されているのでしょう。

大きな理由として、**身体像境界**が明確でないことが挙げられます。身体像境界とは自分の体と外部の境界のことで、自信と深い関係があります。身体像境界がはっきりしている人は自分に自信があり、他者に対しても余裕をもって振る舞えます。逆に、身体像境界がはっきりしない人は自信がもてず、いつも不安を感じています。そのため、衣服で身を守っ

WORD 身体像境界…自分の体についてもっているイメージと、外部との境界のこと。基本的には皮膚のことを指すが、衣服やアクセサリーなどもその役割を果たす。

66

自分を守ってくれる「身体像境界」

自分と外界を区別しているのが身体像境界。
これがあいまいな人は、服装によって身を守ろうとする傾向があります。

身体像境界があいまいな人

- 自分と周囲が区別しにくく、自信がもてない。
- 他者と接することに不安を感じる。

↓

派手な服装や高級ブランドの服で身体像境界をはっきりさせたがる

身体像境界がはっきりしている人

- 「自分は自分」という価値観があるので、自分に自信をもてる。
- 他者に対して余裕をもって振る舞える。

身体像境界がはっきりしないと、日常生活にも支障をきたす。人や物が遠くにあるような気がしたり、現実感を失うこともある。

つまり、ブランドで身を固めるのは、実は自分に自信がないことの表れ。ブランド品は誰もが価値を認めているものですから、身につけることで身体像境界がはっきりし、不安を解消できるのです。

ただ、身体像境界はいつも同じではなく、衣服によって変わります。自分のイメージや気分を変えたいときに、いつもと違う服装をしてみるとよいでしょう。その及ぼす効果は馬鹿にできないものです。

使える！心理テクニック

不安な場には「勝負服」で
身体像境界が衣類によって変わることを逆手に、重要な会議など不安や緊張を感じる場に高級スーツで臨むと落ち着くことがあります。これも身体像境界の働きで、「勝負服」というわけです。

自分を好きに 09

つい八つ当たりをしてしまう

イライラを関係ないものや人に向ける

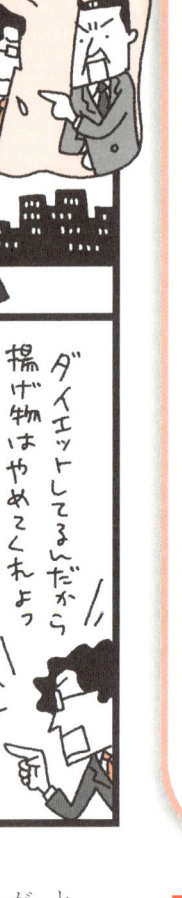

欲求が叶えられない不満を攻撃行動として発散する

何かうまくいかないことがあったとき、**八つ当たりをしてしまうこと**があります。これはフラストレーションを発散させようとする働き。人は、自分がしたいことが叶えられないと**欲求不満**を感じ、フラストレーションが起きます。

フラストレーションがたまるとイライラした気持ちが続き、ストレスの原因となります。そのため、八つ当たりという攻撃行動によって発散しようとするのです。

また八つ当たりには、**防衛機制**（自分を守るための働き）という一面もあります。**本来とは違うもので欲求を満たそうとすることで、「置き換え」と呼ばれる心理的な機能**です。

○ WORD フラストレーション…欲求がかなえられないという状況と、それによる不満が同時に起こっている状態のこと。

八つ当たりの心理とは

欲求がかなえられない状況下では、フラストレーションを発散させようと、攻撃行動が起こります。

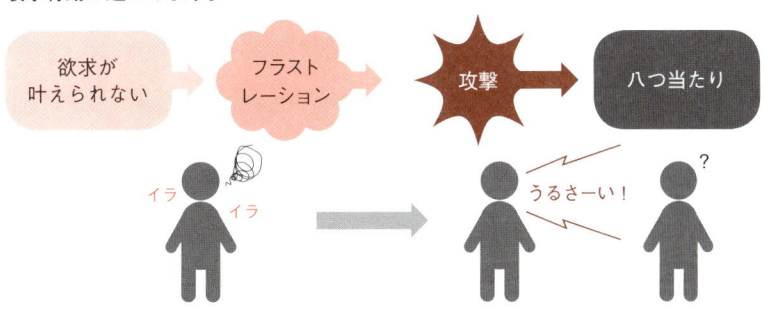

欲求が叶えられない → フラストレーション → 攻撃 → 八つ当たり

フラストレーションを回避する防衛機制の働き

フラストレーションのストレスから以下のような防衛機制が起こることも多い。

反動形成
自分の気持ちとは反対の行動をとること。たとえば、心のなかで憎んでいる相手に対して、必要以上に優しく振る舞うなど。

合理化
うまく行かなかったことに対し、別の理由をつけて正当化したり、ほかのものに責任を転嫁すること。試験の点数が悪かったことを、体調のせいにするなど。

退行
堪え難い事態に直面したとき、より幼い発達段階に戻ること。幼い子どもに弟や妹が生まれ、今までひとりでできていたことができなくなってしまうなど。

逃避
空想や病気によって現実から逃れようとすること。具体例では、対人関係の不安から引きこもりになってしまうなど。

上司に叱られた不満を、社会的に上の立場である上司には向けられないため、家族に当たり散らしてスッキリさせるなどがこの例です。

ささいなことでフラストレーションがたまってしまう人は、**フラストレーション耐性**が低い傾向にあります。子どもの頃から望むことを叶えられることが多く、欲求不満を感じたことが少ないため、フラストレーションに慣れていないのです。

逆にフラストレーションに強い人は、欲求が叶えられない状況に慣れている人。「しかたない」と現実を受け止めることができます。

豆知識 攻撃性は本能のひとつでもある

攻撃したいという気持ちは、普段は抑制されているものの、人間の本能的な欲求です。八つ当たりをしてスッキリするのはこのためです。

WORD 防衛機制…自ら受け入れがたい不安な感情や体験に対して、心理的安定を保とうとする働きのこと。代表的なものに「抑圧」「投影」「反動形成」「合理化」「知性化」「昇華」などがある。

自分を好きに 10

フラストレーションがたまったら

欲求不満を上手に発散して

ケンカのできる人間関係を築く

フラストレーションにうまく対処するには、どうしたらよいのでしょうか。

八つ当たりは人間関係を壊したり、自分の信用を失ったりする結果になるため、なるべく避けたいもの。おすすめは、**趣味やスポーツなどによる気分転換**です。何もかも忘れて没頭できるものがあれば、フラストレーションの原因となっていた不満もささいなことに思えてきます。

また、自分の気の持ちようを変えること。世界は自分を中心に回っているわけではありません。「しかたない」とあきらめる姿勢も大切です。

フラストレーションを**攻撃行動**に結びつけてしまわない対策としては、

WORD 攻撃行動…言葉や暴力によって相手を傷つける行動。フラストレーションによる心理的な緊張状態を緩和するためにとることがある。

共感性を高める方法

共感性を育てれば、フラストレーションによる八つ当たりを少なくすることができます。また、お互いに理解し合う、良好な人間関係を築くことにも役立ちます。

人の意見にしっかり耳を傾ける
人が発言しているとき、遮ったり自分の意見を押し付けたりせず、最後まで聞く。

人と問題を共有する
人が抱えている悩みや問題を自分のこととして捉え、共に考える。

人の個性や立場を尊重する
それぞれ生まれ育った背景や個性、今ある立場があるので、それを理解するよう努める。

人前で侮辱しない
自尊心を傷つけるようなことを大勢の前で言うのを避ける。

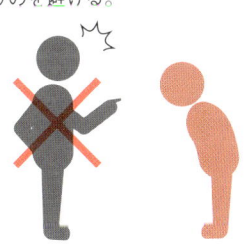

他人への**共感性**を高める方法が有効です。共感性は、相手の意見をよく聞く、相手の立場を理解するよう努める、といったことで養うことができます。

そのほか、普段から夫婦喧嘩などをしていると、**フラストレーション耐性**が高まることが知られています。ただしお互いコミュニケーションがとれているからこそ、お互いを深く傷つけることなくケンカができるともいえます。こうした関係を築いておくのも、フラストレーション対策のひとつといえそうです。

豆知識 夫婦喧嘩にも加減が大切
人は親しい間柄であるほど、強い怒りをぶつけてしまいやすい心理があります。夫婦喧嘩では「ここまで言っても大丈夫」という線引きを忘れないようにしましょう。

◯ WORD ▶ 共感性…いわゆる「思いやり」のこと。他人の感情や喜怒哀楽を理解し、自分のことのように感じる能力。高めることで、他者との良好な関係を築くのに役立つ。

夢から自分の本心を探る

精神科医のフロイトは「夢は願望を満たすもの」と定義し、すべての夢に意味を見つけようとしました。夢には自分では気づかない欲求や願望が表れます。夢を分析することは、本当の自分を知るために有効です。

フロイトが考えた夢が持つ4つの性質

フロイトは、夢には基本的に4つの性質があり、無意識の願望や感情を表していると考えました。眠っている間は意識による統制がなくなるため、常日頃は無意識の領域に閉じ込められている願望や不安、トラウマ※などが表れるというのです。

1 不安

幼児期に親から受けた圧力が潜在的な不安となって表れる。現在の不安な状況も表れることがある。

例：猛獣などに追われて逃げ回っている夢

2 退行

現実世界において葛藤や不安を覚えたときに見る夢。過去に逃避したいという心理から起こる。

例：子どもの頃など、過去の自分の経験を夢に見る

※トラウマ…虐待や事故、いじめ、暴力、災害などの悲惨な出来事により受けた、肉体的・精神的な衝撃に長い間とらわれてしまう状態。心的外傷ともいう。

4 検閲

激しい願望や感情は、夢に表れる前にチェックを受け、違う形に変換される。

例：殺人など、許されないことをする夢

3 抑圧

現実には叶えられない願望や、押し殺している感情を夢の中で開放する。

例：意味のわからない夢

夢に表れる象徴

フロイトは、夢に出てくるものそれぞれに象徴するものがあると考えました。その象徴には以下のようなものがありますが、性的な解釈に偏りすぎているとして後に批判を浴びました。

ネクタイ、鍵	➡ 男性
建物の張り出し部分、バルコニー付きの家	➡ 女性
ダンス、登山、坂や階段を上る	➡ 性交
水に関係するもの	➡ 出産
木、棒、傘、鉛筆、じょうろ、蛇口、蛇、噴水	➡ 男性器
箱、靴、ポケット、くぼみ、礼拝堂、庭	➡ 女性器
小動物、害虫	➡ 子ども
旅立ち、鉄道旅行	➡ 死

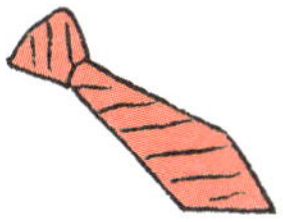

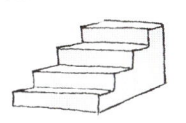

PART 2　自分を好きになる心理学　夢から自分の本心を探る

11 自分を好きに

傲慢な人に見られてしまう

他人を尊重することができない

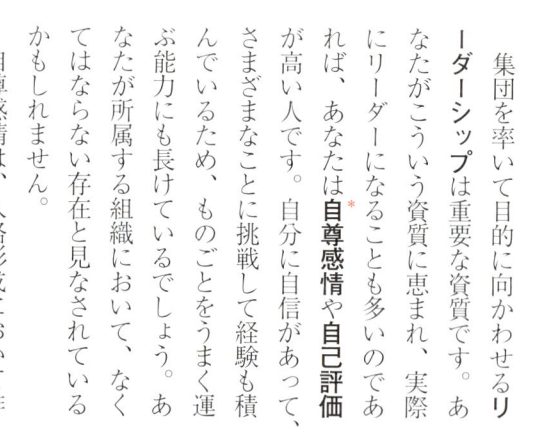

自尊感情は自信の源
ただし謙虚さを忘れずに

集団を率いて目的に向かわせるリーダーシップは重要な資質です。あなたがこういう資質に恵まれ、実際にリーダーになることも多いのであれば、あなたは**自尊感情**や自己評価が高い人です。自分に自信があって、さまざまなことに挑戦して経験も積んでいるため、ものごとをうまく運ぶ能力にも長けているでしょう。あなたが所属する組織において、なくてはならない存在と見なされているかもしれません。

自尊感情は、人格形成において非常に重要な役割を果たします。**自尊感情を高めること**により、自信をもって前向きに人生に立ち向かえるようになるからです。

> **WORD** 自尊感情…自分を認め、好ましく思う気持ち。自尊感情を高めることにより、自信や新たなことに立ち向かう意欲を持つことができる。

傲慢な人とリーダーシップがある人の違い

似たような資質が要求されますが、傲慢な人とリーダーシップのある人とでは、どこが違うのでしょうか。

傲慢な人
- 自尊感情が強い
- 思い通りにならないと怒る
- 失敗を認めない
- いつも誉められていたい
- 人を見下すような態度や発言をする
- 感謝を口に出すことがない

リーダーシップがある人
- 自尊感情が高い
- 人の立場や気持ちを理解する
- 失敗を素直に認める
- 進んで人を助ける
- 目標に向かって努力することができる
- 感謝の言葉を忘れない

ただし、自尊感情が強い人はともすれば「威張っている」「傲慢である」という印象を与えることもあります。すると周囲からの信頼を得られず、リーダーシップを発揮しようとしてもうまくいきません。

傲慢な人とは、何事も自分が中心で自分だけが偉いと思っている人。誰かに協力してもらっても「当たり前」として受け止めているため、素直に感謝することができません。

自尊感情を本当のリーダーシップに変えるためには、他人を尊重し、謙虚さを忘れない姿勢が重要です。

使える！心理テクニック……

積極的に人をほめる

他人への評価や賞賛、感謝の気持ちを常に口に出すようにしましょう。心からのものでなくとも、繰り返すうちに他人を尊重する姿勢が自然に身につきます。

> **WORD** 傲慢…他人より偉くなりたい、もしくは他人より偉く見られたいという気持ちが態度に表れたもの。人を見下したり、さげすんだりする。

自分を好きに 12

弱い自分を変えたい！

アッハ体験を重ねれば自信がつく

自己卑下が強すぎると人生がつまらなくなる

傲慢な態度は鼻持ちならないものですが、かといって謙虚さも行き過ぎると卑屈と言われてしまいます。

卑屈とは、必要以上に自分を卑下すること（自己卑下）。自己否定の感情が強く、何かにつけて「自分はバカだから」「何をやってもダメ」と思い込み、実際に口に出すこともあります。劣等感情を言い訳に、何事にも消極的に構えて自分から行動を起こすことがありません。自ら人生をつまらなくしてしまっているのです。また、つき合っていても面白くないため、周囲から人が離れていきます。すると、さらに自信を失うことになり、悪循環に陥ります。

自己卑下が強すぎる場合は、アッ

> **WORD** 自己否定…自分を否定的に捉えること。自分を裁く、見下す、嫌うなどの感情があり、「自分はダメな人間だ」などと思い込む。

自尊感情を育てるアッハ体験

子どもはアッハ体験を積み重ねながら自信を養い、成長します。
大人でも、自己卑下が強すぎる人は意識的にアッハ体験を得るトレーニングをするとよいでしょう。

① あまり無理のない目標を立てる

1kmウォーキングをしてみよう！

※目標が高すぎると失敗する確立が高く、さらに自信を失う結果になるので注意

② 目標を達成できたら自分を譽める

1km歩けた！やればできる！

アッハ体験

③ 次の目標を立てる

1週間続けてみよう

④ 結果を検証する

1週間のうち5日もできた！この調子で続けてみよう

目標が達成できなくても、前向きに捉えるようにすること

ハ体験によって自尊感情を高めてあげる必要があります。何かに挑戦したり、学んだりする過程で「成功した」「わかった」という感覚を得ることがあります。たった一度でもこの体験を得ると、次の挑戦へのやる気や自信を高めることができます。

いきなり高い目標を立てる必要はありません。「元気に挨拶をする」など、まずは小さな目標をクリアすることから始めるとよいでしょう。一つひとつ、アッハ体験を積み重ね、自信を養っていけばよいのです。

使える！心理テクニック

ほめて自尊感情を高める

ほめる行為にも、相手の自尊感情を高め、モチベーションを上げる効果があります。成功体験をした人に対しては、積極的にほめてあげましょう。いずれ自分に返ってくることもあります。

WORD アッハ体験…ドイツ語の「ach!（ああ！）」から。達成感の得られる体験のこと。アッハ体験の瞬間には0.1秒間に脳内の神経細胞が一斉に活性化する。

自分を好きに 13

だまされやすい

信じたい気持ちが働いてしまう

冷静に構え
相手をよく観察する

あなたはだまされやすいほうですか？ それとも、ウソをつかれても見破れる自信がありますか？

ウソとひと口に言っても、振り込め詐欺などの犯罪から、「方便」と呼ばれるような、人間関係を円滑にするためのウソまでさまざまです。

犯罪は別として、多くの人には「ウソをつくのは悪いこと」という認識があるため、小さなウソでも後ろめたいものです。しかし、なかには失敗を隠すためや虚栄心*を満足させるために、平気でウソをつく人もいます。また俗に虚言癖とも呼ばれますが、嘘をつかずにはいられない、反*社会性パーソナリティ障害のような病気もあります。

> **WORD** ▶ 虚栄心…実際より自分をよく見せようとする心。自信のなさの表れでもある。

ウソをついているときのサイン

ウソをつくと不安になり、落ち着きのない様子が表れます。
以下のようなサイン見られたら、ウソのサインだと思って警戒しましょう。

手を隠す
手を握ったりポケットに入れたりして、手の動きを抑えようとする。

口調
会話が途切れないよう素早く応対したり、手早く短く話をしようとする。

顔や髪を触る
鼻や口もと、髪などをあちこち触る、耳たぶを引っ張ったりする。

表情
表情が乏しくなる。笑いが少なくなり、うなずく回数が増える。

姿勢
たびたび姿勢を変えたり、体全体を落ち着きなく動かしたりする。

目元
目を合わせようとせず、眼球が右上に向く。まばたきが増える。

いっぽう、だまされやすい人も世の中には存在し、懲りずに何度も同じことを繰り返す傾向があります。詐欺商法などでは「そんなうまい話があるわけない」とわかっていても、欲望から相手の話を信じたい気持ちのほうが強くなり、つい引っかかってしまう人も多いのです。

だまされないためには、情報を鵜呑みにしないこと、欲望に流されないことが肝心。ウソをついているときの特徴的な口調や仕草があるので（上図）、冷静に構えウソのサインを見逃さないようにしましょう。

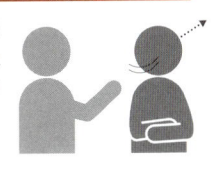

豆知識　欲望を隠す無意識のウソ

無意識のウソもあります。たとえば、好きな女の子をいじめる男の子の心理。本来の欲望を抑制し反対の行動をとらせるもので、防衛機制の一種である反動形成という働きです。

WORD 反社会性パーソナリティ障害…社会のルールに従わず、自分の利益のために平気でウソをつくなどの特徴を持つ障害。

ココロがわかる！　心理テスト ②

嫌いな順に並べてみよう

Q 以下の4人を、「こんな人は嫌いだ」と思う順に並べてください。

A 物忘れが激しい人

B 時間にルーズな人

C 行動が遅い人

D 一般常識のない人

解説 ➡ P186

PART **3**

人間関係を
改善する心理学

集団になじめなかったり、ささいなことで他人と対立したり、
人間関係の悩みはつきません。
心理学のアプローチは、それらを改善するのにも大いに役立ちます。

人間関係 01

つい人と張り合ってしまう

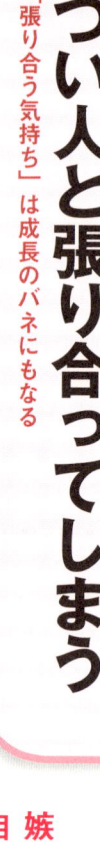

「張り合う気持ち」は成長のバネにもなる

嫉妬や競争心、自己顕示欲が影響している

「あの人が海外旅行に行ったから、私も行ってしまった」「今月はあいつに営業成績で負けたから、来月は絶対に勝つ」など、仕事や日常生活でつい張り合ってしまうのはなぜでしょうか。

張り合う気持ちには**嫉妬や競争心、自己顕示欲**がからんでいます。「相手よりも優位でありたい」「劣等感をもちたくない」という心のあらわれにほかなりません。

人類最初の殺人事件を描いたとされる、『旧約聖書』のカインとアベル兄弟のエピソードも「張り合う気持ち」が起こしたものでした。農夫カインと牧夫アベルが神に供え物をしたところ、神はアベルの供え物を

82

張り合う相手とのコミュニケーション

張り合う相手・競っている相手とのコミュニケーションは難しいもの。どうしても相手が自分に対して悪意を持っていると考えがちで、ネガティブ・コミュニケーションに発展してしまいます。

ネガティブ・コミュニケーション

- 相手が悪意を持っているのではないかと疑っている
- ↓
- 相手を挑発する発言を繰り返す
- ↓
- 売り言葉に買い言葉で、お互いに非難し合う状態へ進む（クロス・コンプレイング）
- ↓
- 常に意見が対立し、戦いのコミュニケーションに

ポジティブ・コミュニケーションへの転換

- 張り合う相手が自分に好意を持っていると信じる（好意を持っているからこそ、いろいろなところで張り合っていると考える）
- ↓
- お互いに意見をぶつけ合う
- ↓
- 納得できることは同意し、納得できないところを明らかにする
- ↓
- 話し合いで、妥協点を見つける
- ↓
- **良好な人間関係が生まれる**

喜び、カインの供え物は無視しました。カインは怒ってアベルを殺したため、神から楽園の東に追放されます。原因は嫉妬と競争心でした。

もっとも、「張り合う気持ち」はマイナスばかりではありません。「あの人に負けたくないから、試験勉強を頑張った」というように、**嫉妬や競争心を達成動機に変えることで成長のバネとする**こともできるからです。無理やり嫉妬や競争心を抑えつけるよりはるかに楽ですし、人生のプラスにもなります。

豆知識　相手の足を引っ張る

嫉妬は、なかなかやっかいな感情です。たとえば、嫉妬対象が自分より高い場合、相手のレベルに自分を引き上げようとするのではなく、相手の足を引っ張ったり、引きずり落とそうとしたりします。

WORD ▶ 競争心…競い合っている相手に負けまいとする気持ち。アメリカの心理学者マクレランドらによれば、「いろいろな状況で、人より勝っていたいという欲求に基づく普遍的な達成動機」と定義される。

人間関係 02

集団になじめない

集団のルールや慣習が肌に合わない

人間関係づくりに力を入れる

「どうも周囲から浮いている」「新しい学校や職場に、なかなかなじめない」と感じている人は少なくないでしょう。自分に原因がある場合もありますが、所属している集団のルールや慣習が肌に合わないのかもしれません。

どんな集団でも、メンバーが従うべきルールがあり、ものの考え方や行動のしかたなども、できるだけ続一しようとします。これを**集団規範***といい、そこからの逸脱は許さないことが多く、**集団圧力***となってメンバーに対して心理面でプレッシャーをかけ続けます。

あなたが学校や職場、地域になじめないと思っているとしたら、こう

> **◯ WORD** 集団規範…集団が意識的・無意識的に定めた、メンバーが従うべきルールや行動規範、行動様式のこと。

84

ココロファイル❹
集団規範を証明したアッシュの実験

実験 心理学者アッシュは、以下の2枚のカードを用いて、被験者がサクラにまどわされずに線分の長さを正しく判断できるかどうかという実験を行った。

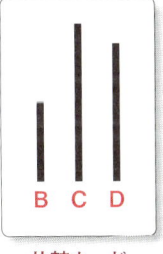

標準カード：A
比較カード：B、C、D

1枚のカードには1本の線、もう1枚のカードには3本の線が書かれている。

1本の線Aと同じ長さの線をB、C、Dの3本の線から選ぶ

結果 ひとりで回答した場合の正答率は99%だった。

正解 99%

ところが、5人のサクラ（実験の協力者）と一緒に答える形式にして、サクラが先に誤った答えをいうと、被験者の7割以上が同調した。

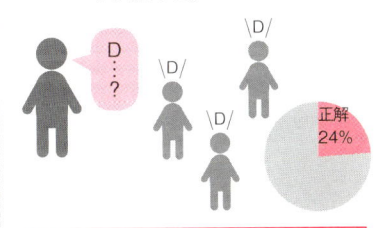

正解 24%

5人のサクラの答えが集団規範となり、集団圧力がかかったと考えられる

した集団規範に抵抗を感じている可能性があります。とはいえ、学校や職場であれば簡単にやめることはできませんし、いちメンバーであるあなたが集団規範を変えることも至難の業です。

こうしたときは人間関係づくりに力を入れましょう。ひとりでもふたりでもいいので、仲のいい人をつくることです。たとえ少数でも気のあう仲間がいれば、毎日がさほど苦にならなくなりますし、情報交換するなどして集団規範への上手な対処のしかたを学ぶこともできます。

豆知識　身近な集団規範
集団規範は、近所づき合いや趣味のサークル程度のものにもあります。規則や社訓など明文化されたものと、校風や慣習など無形のものがあり、メンバーの行動を強力に制約します。

WORD 集団圧力…いったんでき上がった集団規範に則ってメンバーの行動をしばり、勝手なことができないよう、かけ続けるプレッシャーのこと。

良好な人間関係を保つ距離感とは

どんな人もパーソナルスペース（人が自分の周囲にもっている、他の人が近づくと不快に思う空間）をもっています。

エドワード・ホールの4つの距離

図は、文化人類学者エドワード・ホールが作成したパーソナルスペースの目安です。配偶者や恋人のような近しい人なら狭く（相手との距離が短い）、嫌っている相手や初対面の人なら広く（相手との距離が長い）なります。

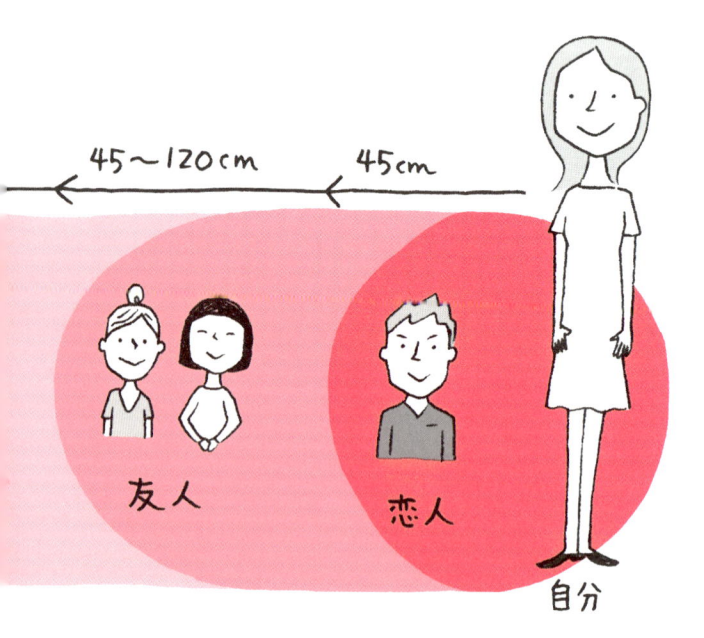

45〜120cm　　45cm

友人　　恋人　　自分

1 密接距離（恋人など）

近接相
（0〜15cm）

相手の体に触れている、もしくは、すぐに触れることができる距離。配偶者、恋人、家族など、ごく親しい人に許された距離。

遠方相
（15〜45cm）

顔、手、腰、脚などが相手に触わることができる距離。赤の他人がこの距離に近づくと、不快感を覚える。

PART 3 人間関係を改善する心理学　良好な人間関係を保つ距離感とは

4 公共距離（講演会など）

近接相（3.5〜7m）
相手の様子がわからないので、個人的なやりとりは成立しにくい。教室での教師と生徒との距離。

遠方相（7m以上）
個人的なやりとりは成立しない。講演会や大教室での講義を聞いている状態の、相手との距離。

3 社会距離（ビジネスなど）

近接相（1.2〜2m）
知らない人同士が会話をしたり、同僚と仕事の打ち合わせなどをしたりする場合に用いられる距離。相手の表情は、はっきりと見えないので、プライベートなことは話しにくい。

遠方相（2〜3.5m）
公式な商談や仕事の打ち合わせなど、やや形式ばった人間関係で用いられる距離。

← 3.5m〜7m以上　　← 1.2〜3.5m

講演会　　ビジネス

2 個体距離（友人など）

近接相（45〜75cm）
手を伸ばせば相手に触ることができる距離。異性がこの距離に近づくと、周囲の人が違和感を覚える。

遠方相（75〜120cm）
お互いが手を伸ばせば指先が触れ合える距離。相手の表情がよく見えるので、プライベートなことを話すときは、この距離をとることが多い。

人間関係 03

自分勝手な行動が許せない

正義感や帰属意識が強い

無視や排除の方向に進まないよう注意する

駅のホームや開店前の店先に並んでいるときに割り込んできたり、めったに手に入らないチケットなどを不正して入手したりする人を「許せない」と思うのは当然のことです。

また、不正でなくても、前項のような「集団になじめない」という人が、息苦しさから逃れるため気ままに動いたり、時には集団規範からの逸脱行動*をとったりすることにいらだちを覚える場合もあります。

そうした人を「自分勝手な行動をして許せない」と思うとしたら、あなたは帰属意識が強い人です。帰属意識とは自分が所属している集団に対する「心理的なかかわり合いの強さ」を表す言葉で、帰属意識が強け

WORD ▶ 逸脱行動…ルールや基準、決められたことから外れる行動のこと。逸脱行動が集団の改革やイノベーションにつながる場合もあり、いちがいに「逸脱行動はよくない」とはいえない。

「許せない」と感じる心と正義感

自分勝手な行動をする人を「許せない」と感じる心が強すぎると、「その人は悪、自分は善」と善悪で2分するようになります（スプリッティング＝分裂）。

現状

許せない

↓

怒りというネガティブな感情を抱いていることに耐えられず、それを相手に投影してしまう

↓

自分は善、相手は悪

↓

相手は悪なのだから、どんなに攻撃しても許される

↓

お前が悪い！

自分の攻撃が完全に正当化される

改善策

許せない

↓

第三者に相談

↓

組織を通して許せない相手に指導

↓

第三者に相談した時点で、この件は忘れてしまう

れば強いほど、集団に対する**忠誠心**も強くなります。

ただ、勝手な行動をとった人に対して個人的に注意したり、組織を通して指導したりするのはいいとして、無視や排除をしたり、悪口を言いふらしたりするのは感心できません。つくらなくてもいい敵をつくるだけでなく、**集団規範が強すぎると、それに対する反発が生まれる**からです。反発が強くなると、集団の運営自体がうまくいかなくなることにもなりかねません。

豆知識　遊びに集団規範が動く

日常の遊びにも、集団規範は働いています。たとえばじゃんけんでチョキがパーに勝ち、グーがチョキに勝ち、パーがグーに勝つということを皆が納得していないと、じゃんけん自体が成立しません。

WORD 帰属意識…国や民族、企業や学校、地域などの集団やコミュニティに対し、自分がその一員であると感じること。その意識。

人間関係 04

人に見返りを求めてしまう

感謝の言葉や喜び、安堵の気持ちも立派な報酬

人間関係は報酬と費用の交換によって成立する

人の手助けをしたり、人に親切をほどこしたりしたとき、目に見えるお返しを期待する人がいます。「親切にしてあげたのだから、物品でお礼をするのは当然」というわけです。

社会学者ホーマンズの**社会的交換理論**によれば、人間関係も**報酬と費用**の交換によって成立していますから、手助けの見返りを求めるのも、あながち間違いではありません。

ただ、それがエスカレートして、「手助けしてあげたのに、何のお返しもなかった」と相手を批難するようになると、行きすぎといえます。相手の反感を買う可能性もあり、感謝の念も消えてしまいます。

報酬のなかには**物質的な報酬**だけ

WORD 社会的交換理論…人間関係を何かとの交換であると解釈する理論。精神的な価値や心理的な報酬を重視し、助力や好意、愛情、尊敬などが、なんらかの対価と引き換えに与えられていると考える。

90

経済的交換と社会的交換

何かを買ったらお金を払うのと同様に、心理的・精神的なコストに対しても、何らかの対価が発生します。

経済的交換
代金を対価にして商品やサービスが得られる。

A ← 代金 1000 → B
A ← 商品やサービス ― B

社会的交換
心理的・精神的・人間関係的・金銭的なコストを対価にして心理的・精神的・人間関係的な報酬が得られる。

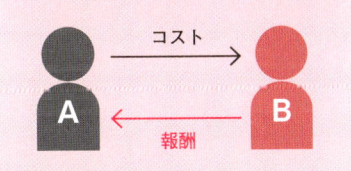

A ― コスト → B
A ← 報酬 ― B

● たとえば、テーマパークに行こうとデートに誘った場合

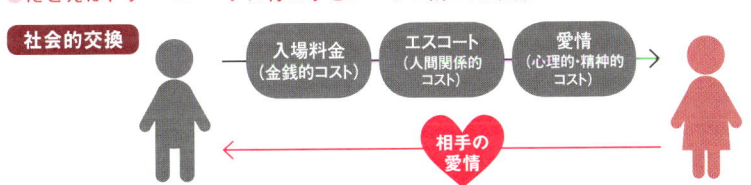

社会的交換 → 入場料金（金銭的コスト） → エスコート（人間関係的コスト） → 愛情（心理的・精神的コスト） →

← 相手の愛情 ←

入場料金（金銭的コスト）・エスコート（人間関係的コスト）・愛情（心理的・精神的コスト）をかけて相手の愛情（心理的・精神的報酬）を獲得する「社会的交換」と考えられる。

※社会的交換の場合、報酬もコストも助力や好意、愛情、尊敬、服従、忠誠など心理的・精神的・人間関係的なものが多い。

使える！心理テクニック

見返りは長い目で見る

「情けは人の為にあらず」ということわざがあります。情けは巡り巡って自分に返ってくるから、誰にでも親切にしておいたほうがよいという意味です。人に親切にしておくと、自分がピンチになったときには誰かが助けてくれるかもしれません。見返りは長い目で考えるべきです。

でなく、心理的な報酬もあります。友人が困っていたので助けたら、感謝の言葉だけが返ってきたなど、この感謝の言葉や友人を助けたことで得られた満足感、喜び、安堵の気持ちなども立派な報酬なのです。

また、それがきっかけで、その友人が将来的に、あなたになんらかの援助を返してくれる可能性もあります。目の前の見返りにばかり気を取られないようにしたいものです。

WORD 報酬…行動の決定に重要な役割を果たしている、なんらかの作業や労働、サービスに対して引き換えに得られる金銭や物品、サービスのこと。

人間関係 05

つい他人を責めてしまう

失敗の原因は自分以外にあると思う

失敗を教訓にして人は成長する

仕事で失敗したり、友人や知人とケンカしたりしたとき、あなたは自分の責任だと思いますか。それとも、相手や同僚、環境のせいにしますか。

もしあなたが、自分の責任だと思うのであれば**内的統制型**の性格、相手や同僚、環境などのせいだと思うのであれば**外的統制型**の性格だといえそうです。

外的統制型の人は、失敗の原因は自分の外にあると考えます。よって、ミスを犯しても「上司の指示が悪かった」などと他人を責めたり、「タイミングが悪かった」「しかたなかった」などと、外的な要因のせいにしてすませたりします。そのくせ、他人が失敗したときは「どうしてそ

○WORD 内的統制型…成功や失敗の原因を自分の中に求める性格類型。自分の手の及ばないことまでコントロールできると思っている。失敗やミスはすべて自分の責任と考えるので、ストレスがたまりやすい。

内的統制型─外的統制型の行動の特徴

ハーシュとシェビの研究、ジョーの研究などによると、内的統制型の人と外的統制型の人とでは、次のような行動の特徴があるとされます。

内的統制型

自分が置かれた状況をコントロールできると思っている。

1. 優越性を感じている（人より優れていると思っている）
2. 耐久力がある
3. 他者に好感を与える
4. 知的能力、社会的適応力などが高い
5. 自分に対しても自信があり、自尊心も強い

なんとかしてみせるぞ！

外的統制型

自分が置かれた状況をコントロールできると思っていない。

1. 内的統制型より他人から信頼されにくい
2. 内的統制型より自分に自信がない
3. 他人に対して疑い深い
4. あきらめやすい
5. 責任をとらないので、他の人の反発を買いやすい
6. 独断的に決定する傾向がある

大丈夫？

「んなミスをした」「怠慢だ」「責任をとれ」などと、徹底的に責めます。

このタイプの人は悪い結果に対して責任を感じにくいので、ストレスや罪悪感を抱えなくてすみ、気分転換も早いというメリットがあります。

しかしその一方で、失敗や問題の原因を追求し、対策を立てないので、同じ失敗やミスを繰り返しがち。外的統制型という自覚のある人は、失敗や問題をきちんと受け止め、それを教訓に改善法を考える習慣を、身につけましょう。

豆知識　外的統制型の人づき合い

外的統制型の人は他人から、「自分に甘く他人に厳しいヤツ」と見なされがちなため、本心を見せ合う深い交流は生まれにくくなります。あなたが自分を外的統制型だと思うなら、失敗やミスに対して積極的に謝罪・反省の言葉を口にするようにしましょう。

WORD 外的統制型…成功や失敗の原因を自分の外に求める性格類型。状況を自分でコントロールできると思っていない。遅刻したら「電車が遅れたから」と言い訳するタイプ。ストレスは、たまりにくい。

人間関係 06

よい人間関係を築くには

その場に応じた言葉・行動が求められる

相手の立場にたって話を聞く

良好な人間関係を築くためには、相手の信頼を得なければいけません。そのためには、会話の際にも気をつけるべきことがいくつかあります。

それは**共感的理解**に力点を置き、相手の立場になって話を聞くことです。共感的理解とは心理カウンセラーやセラピストらがよく使う手法で、どこまでも相手に寄り添い、相手の悩みや抱えている問題を総合的に理解する方法をいいます。こちらが一方的にしゃべるのではなく、相手の話に耳を傾けることで、相手は「私を受けとめてくれている」と、あなたに対する信頼感が増し、好感度もアップします。聞き役になる際、あいづちを打ったり、うなずいたり、

WORD 共感的理解…臨床心理学者カール・ロジャースが提唱したカウンセリング手法のひとつ。カウンセラーがクライアント（患者）の気持ちを自分のことであるかのように受けとめること。

打ち明け話で相手を攻略する

打ち明け話をされると、相手が自分を親しい間柄と思ってくれている証拠だと考え、自分も相手に対して特別な親近感を抱きます。

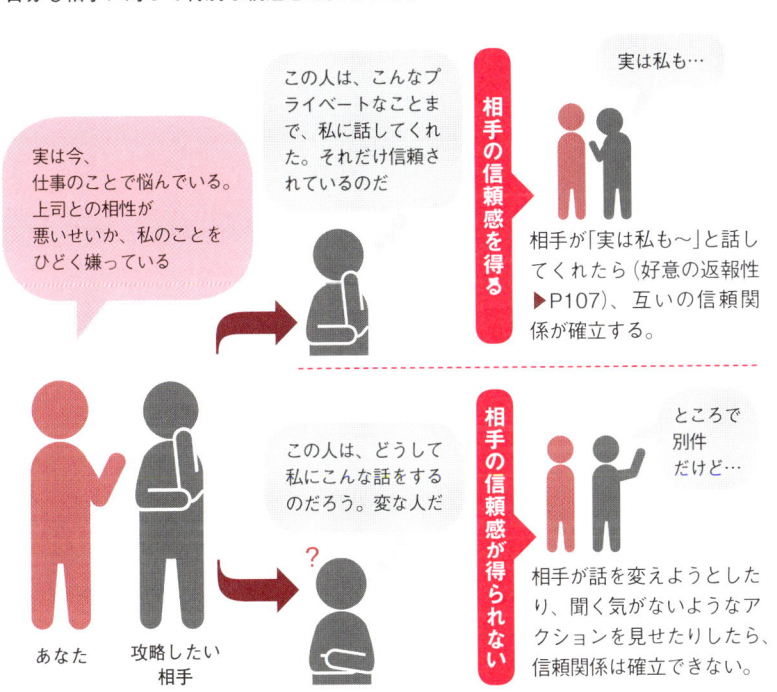

相手の信頼感を得る

「実は今、仕事のことで悩んでいる。上司との相性が悪いせいか、私のことをひどく嫌っている」

「この人は、こんなプライベートなことまで、私に話してくれた。それだけ信頼されているのだ」

「実は私も…」

相手が「実は私も〜」と話してくれたら（好意の返報性▶P107）、互いの信頼関係が確立する。

相手の信頼感が得られない

あなた／攻略したい相手

「この人は、どうして私にこんな話をするのだろう。変な人だ」

「ところで別件だけど…」

相手が話を変えようとしたり、聞く気がないようなアクションを見せたりしたら、信頼関係は確立できない。

「えーっ」「すごいですね」といった適切な驚きやほめ言葉をはさんだりするようにするとより効果的です。うなずきはシンクロニー（同調）、あるいは同調ダンスと呼ばれます。シンクロニーとは相手の話を肯定しながら、声の調子や気持ちまで相手に合わせること。相手が強調したい話や肝心な部分では大きくうなずき、枝葉の部分では軽くうなずくなど、その場に応じたアクションが求められます。

使える！心理テクニック

ボディ・シンクロニー

相手がからだを乗り出したときに自分も同じように乗り出すなど、お互いが同じような動きをすることをボディ・シンクロニーといいます。心理的に同調しているときなどに無意識に起こりますが、あえて相手と同じ動きをすることで、いつの間にか相手の好意を得ることができる場合があります。

WORD シンクロニー…相手の言葉や話し方、しぐさなどに自分が似てくること。配偶者や恋人、友人など、気を許した関係で起こりやすい。わざと真似することで、相手は親近感をもってもらえる場合も。

人間関係 07

相手ともっと親しくなりたい

自己開示で、さらに相手との距離を縮める

自己開示をすることで相手との距離が縮まる

シンクロニー（▼P95）で相手の気持ちをつかんだら、**自己開示**（▼P51）で、さらに相手との距離を縮めましょう。自己開示とは心理学用語で、**自分の内面の気持ちやプライベートなことなどを率直に、ありのままに相手に伝えること**をいいます。

「実は小さいころ父を亡くしたから、父親的な人に惹かれる」「職場で対立しているけど、どうしたらいいか」など話しにくいことを口にすることで、相手は「私のことを信頼してくれている」と受けとめます。

プライベートなことは、ある程度の信頼関係がないと話せませんから、自己開示することは相手を信頼している証拠となります。こちらがプラ

自己開示は適切にタイミングよく

相手から好意をもたれる人は、相手との関係の進展具合に応じた自己開示を、適切にタイミングよく行っています。

私の趣味は自転車です
自分の趣味の話をする

あなたの趣味は？ **私は登山です**
相手も自分の趣味を話しやすい

相手との関係の進展具合に応じた自己開示をして、距離を徐々に縮めることが大切。

とくに… **趣味は？**
自分のことを何も語らない

あなたの趣味は？ **いや、とくに…**
話が広がらない

自分の話をまずしてから（自己開示）、相手の反応を見つつ質問したり、話を変えたりする。

⚠ 自己開示は自発的に行われるもので、相手に自己開示を迫ったり、強制したりするものではない。

イベートなことを話したら、相手も気を許し、「そこまで話してくれたのだから、私も自分のことを話そう」と、同じ程度にプライベートなことを口にするようになります。これを**自己開示の返報性**と呼びます。

ただし、なんでもかんでも自己開示すればいいというわけではありません。さほど仲よくなっていない相手に深刻なことを話すと、逆効果になる場合があります。自己開示は関係の進展具合に応じて、適切なタイミングで行うようにしましょう。

豆知識 何度も同じ話はNG

自己開示の際、注意しなければいけないのは、同じ話を何度もしてしまうことです。話したことを覚えていないということは、相手をさほど大事にしていないことの表れと受けとめられます。関係はかえって進展しません。

WORD 自己開示の返報性…こちらが示した情報と同じ程度の情報を相手も返してくる法則。自分が秘密の窓（▶P51）をさらけ出せば、相手も秘密の窓をオープンにする可能性が高い。

身振りや表情で自分の気持ちや感情を伝える

話し方やジェスチャー（身振り）、表情、視線などによってメッセージを伝えるコミュニケーションをノンバーバル（非言語）コミュニケーションといいます。言葉を使わなくても相手に気持ちを伝えることができる反面、無意識に行っている動作や表情から、思わぬメッセージを相手に伝えてしまうこともあります。

身振り（身体動作）の分類

腕や手、指、足、頭などの身体の各部の動きによって、意志や感情を表現することを身振りといいます。アメリカの心理学者エクマンは、身振りを次の5種類に分類しました。

エンブレム（表象）

言葉の代わりになる身体動作のこと。丸いものを指で形をつくって説明するなど、言語と同じ機能・性質をもつ。ただし、その文化や社会で合意されたものでないと通じない。

図解的動作

「角を右へ…」と説明するときに手を右に向けるなど、それ自体に意味をもたないが、話している内容の理解を促す身振り。意識して行われることもあれば、無意識の場合もある。

PART 3 人間関係を改善する心理学　身振りや表情で自分の気持ちや感情を伝える

調整的動作

うなずいて相手の発言に対する理解を示したり、語尾を上げて質問することで発言権を譲ったりするなど、会話の流れを円滑にする身振りのこと。アイコンタクトも含まれる。

情緒表出

顔の表情に表れる感情の表出。幸福、嫌悪、驚き、悲しみ、怒り、恐れの6つに大きく分類される。文化を超えて、人類に共通であると考えられている（下表参照）。

身体操作

からだのある部分を使って、ほかのものに働きかける身振りのこと。頭をかく、髪の毛をもてあそぶ、髭に触る、ペンを回すなど、無意識のうちに行われ、規則性がない。

表情の分類

表情にはその人の感情が表れるといわれています。エクマンは、表情とそこから表出される情緒を大きく6つに分類し、それらは文化を超えて人類に共通のものであると考えました。

表　5つの文明における表情写真と情緒判断の一致度
次の5か国の人に、A〜Fそれぞれの表情の人がどんな感情をもっているか推測してもらった。数値は正答率を示す。

情緒分類	A 幸福	B 嫌悪	C 驚き	D 悲しみ	E 怒り	F 恐れ
アメリカ	97	92	95	84	67	85
ブラジル	95	97	87	59	90	67
チリ	95	92	93	88	94	68
アルゼンチン	98	92	95	78	90	54
日本	100	90	100	62	90	66

※数値は%

（Ekman,1973をもとに作成）

人間関係 08

最初に注文する人はリーダー格

人と同じものを注文しがち

注文のしかたに性格が表れる

レストランや居酒屋での注文のしかたによって、その人の性格が表れます。たとえば、あなたが数人でレストランなどへ食事に行ったとします。そのとき、あなたがとる行動は、次のどれでしょうか？

①最初に注文する∶メニューを見て（見ないで）最初に注文する人は、その場のリーダー格。みんなを引っ張っていくリーダーとしての性格・資質を持っています。

②他の人と同じものを注文する∶**同調行動**（▼P34）の表れ、もしくはめんどうくさがり屋と解釈できます。協調性が高く、自分の意思や意見を曲げて中心者や多数派の意見、行動に合わせてしまいがち。仲間外

ココロファイル ⑤

ミルグラムの同調行動の実験

実験 アメリカの心理学者ミルグラムは、ニューヨークで次のような実験を行った。

① 3人のサクラが特定のビルを見上げながら、立ち去った

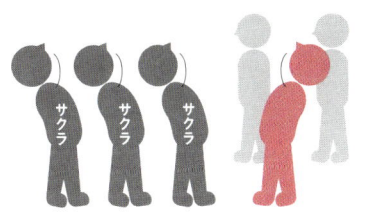

それを見ていた通行人の、6割が立ち止まって同じビルを見上げた

② 6人のサクラが特定のビルを見上げながら、立ち去った

それを見ていた通行人の、8割が立ち止まって同じビルを見上げた

結果 サクラの人数が多ければ多いほど、その行動に影響され、同調行動（人と同じ行動をすること）をする人が増えた。

3人 < 6人

れにされることを恐れています。他人の意見に賛同しやすく、自分の意思・意見にはこだわりません。

③他の人とまったく違うものを注文する…我*が強く自信家。同調性・協調性が低く、自分に自信があります。周囲の影響をあまり受けません。

あなたが仮に②のタイプなら、少しずつ自分の意見を出して、食事の際もみんなとは異なったものを注文するようにしましょう。同調性が強すぎるタイプは周囲から信頼を寄せられにくく、のけ者にされる危険性があります。

豆知識 **たまには同じものを注文**
あなたが③のタイプなら、時には我を抑えて、みんなと同じものを注文してみましょう。チームを組む際、「扱いにくい者」と判断され、外される危険性があるからです。

◎WORD 我…自分、われ、自我。自分の意見や意思、考えを崩さず、他の人の意見や意思、考えに容易に従わないこと。

人間関係 09

「自分だけ浮いている」と思う
公的自己意識と私的自己意識のせめぎ合い

ときには自分の本音を吐露する

職場や学校、友人たちのグループのなかで「自分だけが浮いている」と思ったことはありませんか。そのことに悩んでいるなら、あなたは公的自己意識が強い人、浮いていることが気にならない、むしろ人と違っていて喜ばしいと思っているなら、私的自己意識が強い人といえます。

自意識（自己意識）には人の視線が気になる公的自己意識と、自分の感情や気持ち、欲求などを大事にする私的自己意識があります。「周囲に自分がどのように見られているか」という公的自己意識が強すぎると、周囲から浮くことを極端に恐れるようになります。他の人の意見に迎合し、自分の好みや意見を抑える

> **WORD** 公的自己意識…自分がどのように見られているか、周囲や他の人の視線を気にする意識。容姿や外見に対する意識が高く、自分に厳しいともいえる。

102

ココロファイル ❻

メイクと積極性

実験 街頭インタビューのインタビュアーに女子学生を起用し、素顔でインタビューする場合とプロのメイクアップアーティストがメイクを施してからインタビューする場合の違いを調べた。

メイクを施したインタビュアー　　素顔のインタビュアー

結果 プロにメイクしてもらった女子学生のインタビュアーは、素顔のときより、はるかに積極的に通行人に接近した。素顔より美しくなったことが自分でもわかり、前向きになったからだと考えられる。

公的自己意識とメイク

公的自己意識が強い人は、いつも人から見られていることを意識するので、メイクに凝る傾向がある。

メイクがうまくいった場合	メイクがうまくいかなかった場合
メイクによって自信を得た	自信を得られず、頻繁にメイクを変える

豆知識　適度な妥協も必要

私的自己意識が強い人は、信念や人生観にかかわることならともかく、仕事や日常生活のことなら、ほどほどのところで他の人の意見に賛成したり妥協するほうが、人間関係がうまくいきます。

ので、欲求不満の状況が続きます。時には自分の**本音**を吐露したり、好みや趣味をアピールしたりするようにしましょう。必要以上に周囲の目を気にする必要はありません。

逆に、私的自己意識が強すぎると、「自分が」「自分が」と自己主張が強くなり、他の人と協力することが、なかなかできません。ストレスはあまり感じませんが、「協調性がない人」と見なされることが多く、仕事でも人間関係でも、決してトクをしません。

○ WORD ▶ 私的自己意識…自分の感情や気持ち、欲求などを大事にする意識。自己主張が激しく、妥協しないため、周囲からは扱いにくい人と見なされがちに。

人間関係 10

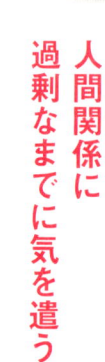

他人からの評価が気になる

独自の意見・見方のほうが周囲に評価される

人間関係に過剰なまでに気を遣う

他人からの評価が気になってしかたがない人には、共通した傾向があります。ひとつは前項で紹介した**公的自己意識**が強すぎることです。公的自己意識は良好な人間関係をつくるうえで不可欠なものですが、あまりに強すぎると他人の評価を気にしすぎるあまり、自分を見失ってしまう危険性があります。

もうひとつは**対人認知**の欲求が強すぎることです。「人から認められたい」と思うあまり、相手の考えや欲求、性格、能力などパーソナリティー全般を知ろうと、人間関係に過剰なまでに気を遣ったり、特定の相手に依存しすぎたりします。いずれにせよ、あまりに人間関係

WORD 対人認知…他人の顔や外見、行動、その人に関する情報・噂などにもとづいて、その人の性格や態度、能力などを含むパーソナリティー全般を知ろうとする行動のこと。

104

PART 3 人間関係を改善する心理学　他人からの評価が気になる

対人認知が強すぎてスマホ依存に

ある情報セキュリティー会社の調査によると、女子高校生はスマートフォン（スマホ）や携帯電話を1日平均7時間も使っているということが判明しました。

女子高校生がスマホを使用している目的の大半は、LINEやツイッターといったSNSによる友人とのコミュニケーション。メッセージを読んだら何分以内に返信することを自分に課したり、学校の休み時間や登下校の最中にも頻繁にメッセージをチェックしたりしていた。

すぐ返信しなきゃ！

公的自己意識や対人認知の欲求が強いと、1日中、他人と密着していることが多く、人間関係に振り回されてしまうことに。

スマホ依存から脱却するには

1. 行きすぎた迎合行動をとっていたら、いつまでたっても相手に認めてもらえないことを認識する。
2. どんなに些細なことでもいいから、自信をつける。
3. 自分の意見や主張を適切にアピールする。
4. 独自の意見や主張をもっているほうが、周囲からも評価されるということを認識する。

を重視すると、それにとらわれ、四六時中、他人の目を意識した生活を送ることになります。周囲から認められることが最優先事項になり、自分の本当にやりたいことや仕事など、生活するうえで不可欠なことまで後回しにされてしまいます。

こうした傾向をもっている人は、無理をしてまで周囲に合わせる必要はない、というまっとうなバランス感覚を身につけることが大切です。むしろ、独自の意見・見方を主張するほうが、周囲に評価される可能性があります。

豆知識　盲目的に賛成する屈辱的同調

周囲の人の顔色をうかがうことに神経を使っているうちに、自分の意見や欲求を抑え、他人の意見や考えに盲目的に賛成するようになります（屈辱的同調 ▼P35）。

人間関係 11

苦手な人だと感じることが多い

積極的に話しかけ、感謝・賞賛の言葉を忘れない

軋轢（あつれき）にうまく対処できない

人間関係は、**個性**＊のぶつかりあいですから、その過程で、さまざまな軋轢が生じます。苦手な人が多い人は、その軋轢にうまく対処できていない可能性があります。

めったに顔を合わせない人であればかまいませんが、相手が同じ職場や学校にいると、苦手だからといって避けるわけにはいきません。なんとか折り合いをつける必要があります。具体的な対策としては、第一に、苦手な相手に積極的に話しかけることです。話しかけること自体が「あなたと仲よくしたい」「あなたを理解したい」というメッセージなので、意外に快く応じてくれるものです。

第二に、感謝や賞賛の言葉を積極

○WORD 個性…個人を個人たらしめている特徴のこと。個人や個体の特有の性質。（人の個性については）パーソナリティーともいう。

苦手な人と仲よくなるために

誰にでも苦手に思う人はいます。職場の同僚、学校の同級生など、スルーするできない相手には話をよく聞いてあげる、という対処方法があります。

会話の主導権を渡して相手を知る方法

1. 適切な「あいづち」「うなずき」をうつ。

   そうだね / うん / すごーい

2. 多少は知っている話題であっても、「よく知らないので、教えてください」と知らないという素振りをする。

   今度教えて! / いいよ

苦手になった理由が先入観や第一印象によるものであれば、会話を重ねて相手の人間性を知ることで、その理由が解消され、苦手な相手でなくなる場合がある。

使える! 心理テクニック

あいさつやお礼を惜しまない

良好な人間関係づくりの基本は言葉を惜しまないこと。あいさつをする、お礼の言葉を伝える、なぐさめる、謝罪する、激励するなど言うべきことをきちんと口に出しましょう。そうしないと、人間関係はたちまち悪化します。

苦手な同僚や知人がいるなら、何かひとつでもその人のよいところを見つけて「すごいね」「おめでとう」「がんばったね」と誉めてみましょう。どんな人でも、誉められて悪い気はしません。相手は最初とまどうかもしれませんが、何度もほめているうちに、あなたに対して好意を感じるようになります。

好意には好意が返ってくるという原理（好意の返報性）があるので、やがて相手も高い確率で、あなたのことをほめるようになります。

WORD 好意の返報性…相手から好意を受けると、それと同じくらいの好意を返そうとする感情を抱くこと。

PART 3 人間関係を改善する心理学　苦手な人だと感じることが多い

人間関係 12

自分が好かれているか知りたい

アクションを見れば、相手の心理がわかる

つま先やひざの向きが大事

人は身振りや手振り、しぐさ、動作などで、さまざまなメッセージを送っています。相手が自分に好意をもっているかどうかも、それらから読み取ることができます（▼P182）。

たとえば、あなたがベンチに座って誰かと話をしているとき、相手のつま先やひざが、どちらの方向を向いているかによって、好意の度合いがわかります。**つま先やひざがあなたのほうを向いていれば、相手はあなたに好意をもっています**が、あなたと反対側を向いているようなら、さほど関心をもっていないか、あるいは少しでも遠ざかりたいという心理が働いている可能性があります。

また、道端やパーティ会場などで

WORD しぐさ、動作…ちょっとした身の動きのこと。表情や視線と並ぶ、ノンバーバル（非言語）コミュニケーションの代表。時には言葉よりも本心を伝える場合がある。

好感度を上げる名刺交換のしかた

初対面の際に交換することの多い名刺ですが、交換の際に相手の好感度をアップさせる方法があります。

1 間に障害物をはさまない

相手との間にテーブルなどの障害物があると、相手との距離が遠くなり、なかなか懐に飛び込めない。
テーブルそのものが心理的な障壁になり、よそよそしい感じになる。

→ テーブルの左右どちらかに回りこみ、相手に接近して名刺を渡す。

2 相手のなわばりに飛び込む

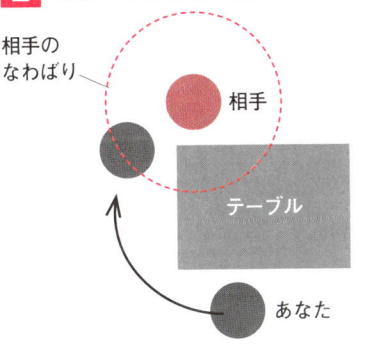

人はみな、自分だけのなわばり（パーソナルスペース）をもっている。相手と自分が近づくと、だいたい真ん中あたりが、なわばりとなわばりの境界線になる。

▼ 境界線を超えて接近し、名刺を差し出すことで、「あなたと話し合いたい」「あなたとビジネスがしたい」という積極的な姿勢をアピールすることができる。

知人に会ったとき、相手が近づいてくる場合（特に、あなたのなわばりにまで入ってくる場合）、あなたに好意をもっているか、頼みごとや伝えたいことがあると判断できます。

逆に、相手が近づいてこないで一礼する程度であれば、あなたを嫌っている・拒否しているか、逆にあなたを尊敬しているかの2つのケースが考えられます。どちらなのかは相手の普段の言動や態度などから判断することになります。

使える! 心理テクニック

初対面の相手と親しくなる

初対面の人や、よく知らない人と親しくなるには、相手に近づいてみることです。近寄れば近寄るほど、親しみを感じさせることができます。名刺交換をする際も、なるべく相手のそばに行って渡すほうが親しみをもってもらえます。

◯WORD なわばり…一人ひとりが持っているパーソナルスペースのこと。通常は相手との中間あたりに境界線ができる。その境界線を超えて接近することで、相手に強い印象を与えることが可能になる。

人間関係 13

嫌われていると思う時がある

傲慢な人は、相手を軽視する言葉を投げかけている

相談に答えているようで自慢をしているだけ

一部の人を除いて、嫌われたいと思っている人はいませんが、自分では気づかないうちに他人を傷つけるような言葉を口にして、周囲から嫌われている人は、たくさんいます。

たとえば、友人や親しい人に悩みを相談されたとき、「そんなの、よくあることだよ」などと答えたことはありませんか。あなたは激励したつもりでも、相手は気を悪くしている可能性が高いのです。

なぜなら、この言葉には「私のほうが世の中のことをわかっている」「私のほうが経験豊富だ」という含意があり、相手はそんな傲慢（▼P75）さを敏感に察知するからです。

また、相談してきた相手に「こう

コマ内セリフ：

- 彼が浮気してるみたいなの
- まあ、そんなのよくある話じゃん
- でも…彼のケータイ見たら…
- ケータイなんて見ちゃダメだよ！
- そりゃ彼だってエリカのことイヤになるよ
- 私は相手がイヤだと思うことは絶対しないよ
- そんなことしちゃダメだよー
- くどくど
- 次の日
- あ！！エリ…
- あっ、あれっ？

傲慢症候群の症例（抜粋）

精神科医でもあったデービッド・オーエン元英国外相・厚生相が提唱している「傲慢症候群*」の症例です。当てはまるものがあるか、答えてみてください。

- ☑ 何かするときは、まずは自分がよく見られるようにしたい
- ☑ イメージや外見が、かなり気になる
- ☑ 自分の判断には過大までの自信があるが、他の人の助言や批判は見下すことがある
- ☑ 自分の能力を過信する。「私には無限に近い力がある」と思っている
- ☑ せわしなく、向こう見ずで衝動的なところがある
- ☑ 「私がやろうとしていることは道義的に正しいので、実用性やコスト、結果に関しては、たいして検討する必要はない」と思うことがある
- ☑ プロジェクトや計画を進めるとき、基本をないがしろにしたり、詳細や手順に注意を払わなかったりするので、ミスや失敗を招いてしまう

当てはまることがあるようなら、一度自分の言動を見直してみましょう。気づいていないところで嫌われているかもしれません。

※政治家や経営者、組織トップらが陥りやすい自信過剰のこと。

相談者は解決策よりも、一緒に悩み「たいへんだね」と共感してほしいと思っていることが多いからです。アドバイスする側が地位も年齢も上なら問題は少ないのですが、それでも共感や同情を期待している人に傲慢な対応はNGです。思い当たることがある人は、無意識のうちにこうした言葉を口にしたり態度をとったりしていないか、言動を見直してみるといいでしょう。

すればいい」と得意気にアドバイスすることも、おすすめできません。

豆知識　「かけがえのなさ」を大切に

「よくあることだ」という言い方は、「あなたは、たいした人ではない」と受け取られがちです。誰しも「かけがえのない人間でありたい」と考えています。その「かけがえのなさ」を真っ向から否定する言葉は控えましょう。

WORD 共感…喜怒哀楽などの感情を相手と共有すること。相手がうれしいときは一緒に喜び、相手が悲しいときは一緒に哀（かな）しむ。心理学でも核になる概念。

ココロがわかる！　心理テスト ③

蝶を描いてみよう

Q 以下の2枚のイラストに、それぞれ1匹ずつ蝶を描いてください。

A

B

解説 ➡ P187

PART **4**

くせ・しぐさでわかる本当の性格

日常の何気ないしぐさや言動に、自分でも気がつかない
本心が表れていることがあります。
それらを理解すれば、より深く自分のことがわかるようになります。

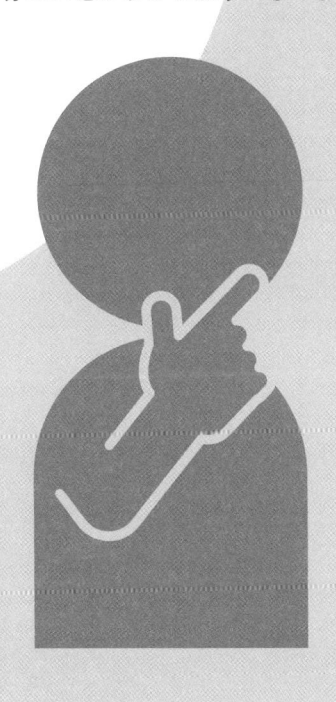

くせ・しぐさ 01

他人のふるまいが気に入らない

自分の存在を軽視されているような気がする

気に入らないのには理由がある

人はいろいろな口ぐせ*をもっています。また、自分では気づかないうちに、人から見ると気になるふるまいをしていることがあります。

たとえば、オフィスやアルバイト先などで、部下が不快に感じる上司のふるまいには、次のようなものがあります。①「おい、キミ」「あのさ…」など名前で呼ばない、②お茶やコーヒーを入れたのに、まったく口をつけない、③頼みごとをしたのにお礼をいわない、④女性社員のからだに触れる、⑤必要以上に接近してくる、⑥いつも上から目線、⑦何か作業をしながら話を聞く、などです。

①を除けば、これらは非言語*(ノンバーバル)コミュニケーションの

WORD 口ぐせ…無意識のうちに口から発してしまう言葉、あるいは意識的に好んで使う言葉のこと。

部下との上手な話し方

女性社員、男性社員を問わず、部下を説得・指導したり、
部下に苦言を呈したりする場合に、効果的な話し方があります。

1 自分のデスクの近くに椅子を置いておく → **2** 部下を呼び出す → **3** 部下を椅子に座らせる → **4** 話をする

ポイント 1
目線の位置が部下と同じであること

デスクの前に立たせるなどすると、相手と同じ目線で話すことができない。

ポイント 2
自分と部下の距離が近いこと

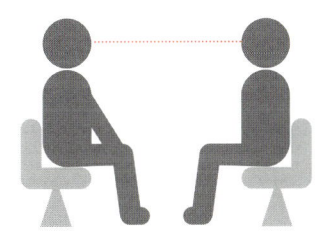

密接距離に近くなるので、親密性が増し、説得力が高まる。

典型ですが、共通しているのは「私はあなたの存在を重要だと思っていない」と感じてしまうこと。人は、自分の存在を軽視するようなふるまいには敏感に反応します。

逆に、あなたが上司や先輩の立場で、部下や後輩から好かれていないと感じるなら、これらのふるまいをしていないかチェックしてください。

そして、相手を名前で呼ぶ、ねぎらう・いたわる、感謝の言葉をかける、作業をやめて話を聞くなど、「コミュニケーションの基本」を実行するように心がけましょう。

豆知識　嫌われる口ぐせ

嫌われる口ぐせもあります。「私も同じ経験をした」「私はこうやってきた」「私もそうだった」などと、すぐに「私」を出すこと。周囲には自慢話にしか聞こえません（▼P126）。

○WORD ▶ 非言語（ノンバーバル）コミュニケーション…言葉以外のもの。たとえば表情や視線、しぐさ、ふるまいなどを伝達手段とするコミュニケーションのこと。

くせ・しぐさ 02

服装が派手だと言われる

強固な鎧（よろい）で弱い自分を守っている？

服装で自己を補おうとしている

ファッションには、その人の性格や願望が表れます。その一方で、ときどき、服装とその人の醸し出す印象がちぐはぐで、違和感を覚えることがあります。たとえば、派手で人目を惹く服装をしているのに、オドオドしていて自信がなさそうに見える場合などです。

こういう人は**身体像境界**（▼P66）がはっきりしていないため、「自分は自分」という確固とした自己をもてません。**派手な服を着ることによって、自分を守っている**のです。

ただ、服装は着ている本人の心理に影響を与えるものです。その作用を利用して、意識的に派手な服を選ぶ人もいるでしょう。その場合は、

WORD ▶ 協調性…ほかの人の考えや意見を理解し、うまく物事を進めて行く能力。複数の人が協力し合う集団において重視される。

ファッションからわかる心理

自分を演出する方法でもあれば、身を守る鎧でもあるファッション。
観察することで、その人の「理想の自分」やコンプレックスがわかってきます。

派手な服を着る
自分を守りたいという気持ちの表れ。自信がなく、他人と接することに不安がある。

アクセサリーが大きい、多い
大きいアクセサリーをつけたり、ゴテゴテとたくさん身につけたりしているのは、自己顕示欲（▶P82）や、自分を大きく見せたいという願望が表れている。

夜でもサングラスをしている
目を隠すことで、相手より優位に立ちたいという気持ちの表れ。自信のなさの裏返しでもある。女性の場合は「おしゃれな自分」を演出するための小道具である場合もある。

流行に敏感
周りと同じでないと不安を感じる。協調性はあるが、周囲や他人に迎合的で自分の意見がない。

個性的なファッション
他人と同じでいたくないという気持ちの表れ。協調性をあまり重んじないこともある。

いつもマスクをしている
風邪や予防のためでなくマスクをしているのは、自信がなく、人とのコミュニケーションに不安を感じていたり、周囲との関わりを避けたがっているのかも。

服装が派手だと言われる

本人も服装にふさわしく振る舞おうとするので、周囲から見てもさほど違和感を覚えることはありません。
また、派手を着る、いわゆる「悪目立ち」をする人は、暗黙のルールに気づかない、あるいは重視しない、**協調性に欠けるタイプ**です。
いつも流行を取り入れた服を着ている人は、一見オシャレで個性的なように見えます。ただこれは同調※の働き。実は自分の意見があまりなく、周囲に流されているだけです。

豆知識 髪型などが毎回変わる人は？
髪型や服装をコロコロ変える人は、今の自分に満足できず、変わりたいという願望を常に持っています。もしあなたがこのタイプなら、自尊感情（▼P74）を育てるトレーニングをおすすめします。

WORD 同調…相手の意見に賛成したり、同じ行動をとること。

くせ・しぐさ 03
色と心理の深い関係

好きな色から性格がわかる

色は生理的な変化など人間に大きな影響を及ぼす

色と人間の心理には深い関係があり、近代から現代にかけて、**色彩心理学**の研究が深まってきました。色と心理の関係に最初に注目したのは、ドイツの文豪、**ゲーテ**といわれています。色が人の心の動きにどのような影響を与えるかについて「色彩論」という著作のなかで紹介しています。

赤やオレンジ色などの暖色系は温かさや明るさを感じさせ、青や白などの寒色系はその逆であることは、経験的にもうなづけます。研究ではさらに、心拍数を変化させたり、時間を長く感じさせる、短く感じさせるといった効果もあることがわかっています。こうした色の作用を応用して快適な環境をつくる**色彩調節**は、

> **Q WORD** ゲーテ…18世紀ドイツの文豪。晩年になって、20年かけた大作『色彩論』を発表した。

色にイメージされる感情と、好みの色からわかる性格

色から連想されるイメージは、その色を好む人の性格形成にも深く関わっています。好きな色は、「理想の自分」を体現していると考えられるのです。

赤
熱情、熱烈、積極性、怒り、焦り、落ち着きの無さ、喜び、憎しみ
自分を守りたいという気持ちの表れ。自信がなく、他人と接することに不安がある。

オレンジ
精力的、聡明、快活、社交的、多弁、喜び、はしゃぎ、傲慢
明るく社交的で、気配り上手な反面、八方美人と言われることも。広く浅い人間関係を好む。

黄
愉快、元気、明朗、開放的、軽快、健康、変わりやすい
好奇心旺盛で、明るく協調性がある。上昇志向が強いため、夢に向かって努力するが、飽きっぽい面もある。

緑
安らぎ、安定、穏やか、さわやか、くつろぎ、新鮮、若さ
穏やかで保守的。協調性にも優れる。礼儀正しく、周囲の人に気を遣うタイプ。

青
理性的、平静、落ち着き、厳しさ、倫理的、悲しさ、従順、受動的
理性的でもの静か。周囲との調和を好み、保守的な傾向が強い。他人からどう見られるかを気にする。

紫
あでやか、いかめしい、悲しさ、神秘的、魔術的、孤独
芸術家肌で、自分の意見をはっきりもっている。自己愛が強く、ナルシスト的な面もある。

茶
現実的、おもしろい、習慣、律儀、自己満足、頼りになる、活力
人付き合いがよく、頼りになると信頼されている反面、保守的で、新しい考え方を受け入れられない。

グレー
秘密主義、中立、平均的、鈍感、内省的、穏やか、おとなしい
慎重で用心深く、穏やかな性格。自分の意見をあまり言わず、周囲に依存的な面もある。

白
純粋、すがすがしい、そっけない、冷酷
理想家で、規則にきちんと従う。潔癖主義な面もあり、努力を惜しまないタイプ。

黒
暗い、陰鬱、不安、いかめしい、神秘的、否定的、無、反抗
プライドが高く、他人から指示をされるのを嫌う。努力家だが一方で飽きっぽい面もある。

職場や住まいなど、多くの場所で行われています。

また、スイスの心理学者ルッシャーは、色の好みと性格の関連性を明らかにしています（上図参照）。周囲の人の性格を理解するための目安にするとよいでしょう。またルッシャーによると、好きな色は願望や欲求を、嫌いな色は過去を、どちらでもない色は現在の生活を反映しているそうです。自分を理解するのに役立ててみてはいかがでしょうか。

使える！心理テクニック

省エネにも効果的

色が体感温度に与える影響は大きく、実際の温度よりプラスマイナス2℃違って感じられるといわれています。つまり、冬は暖色系、夏は寒色系のインテリアにすることが、省エネにも役立つということです。

WORD 色彩調節…色の心理的な効果を利用し、職場や施設などの環境づくりを行うこと。疲労軽減、集中力や作業効率アップ、災害防止などのために役立てられる。

くせ・しぐさ 04

寝姿に表れる性格

あなたの寝姿はどれ？

眠るポーズは無意識下の心理の表れ

意識がなくなる睡眠中は、自分がもっとも無防備になるときだといえるでしょう。我慢しているストレスが**歯ぎしり**となって表れたり、日頃の不安や秘密が**寝言**として口に出てしまったりすることもあります。

それだけでなく、寝姿にも自分の心理状態や性格が表れてしまうことをご存じでしょうか。

寝姿は、寝ている間に無意識にとっている姿勢で、自分にとって一番リラックスできる体勢です。日によってコロコロ変わるものではなく、ある程度決まっています。

アメリカの精神科医サミュエル・ダンケルは多くの患者に面接し、寝姿を観察した結果、寝姿と性格に相

WORD ▸ 歯ぎしり…上下の歯を食いしばったり、すりあわせたりすること。睡眠時の歯ぎしりは病気として捉えられる。ストレスのほか、噛み合わせの悪さなどが原因。

寝姿と性格

寝姿から、その人の性格がわかるといわれています。あなたはどんな姿で寝ているか、下の10タイプから選び、自分の性格をチェックしてみましょう。

胎児型：横向きで丸くなる
守られたい気持ちが強く、親などに依存し続ける傾向がある。あまり自分をさらけ出さない。

半胎児型：横向きでひざを軽く曲げる
寝返りしやすいため、ストレスをためにくい。精神的なバランスがとれており、安定した性格。

うつぶせ型：うつぶせに寝る
周囲に細心の注意を払っている几帳面な性格。その反面、自分が中心となって行動、発言したがる。

王者型：大の字になる
自分に自信があり、性格は安定している。柔軟な考え方をするため、人とぶつかることもない。

囚人型：横向きで足首を重ねる
足首を重ねているところに、不安や悩み、ストレスなどが表れているとされる。

スフィンクス型：ひざをついて腰を持ち上げる
眠りが浅い人や不眠傾向のある人に多い。早く目覚めて行動したいと感じている。

ミイラ型：胸の上に手を置く
自分を守ろうとするポーズ。安らぎたいという気持ちが強い。肉体的な不満や悩みがある可能性も。

抱きつき型：布団や枕を抱きしめる
欲求不満の状態。理想が高く、理想と現実のギャップに悩んでいる。あるいは性的な欲求不満を示す。

ひざ立て型：ひざを立てる
繊細で短気な性格。細かいことでも覚えているので、根にもったり悩みを引きずったりしやすい。

冬ごもり型：布団にくるまる
布団を頭からかぶる。物事を多角的に考えられる思慮深い性格だが、考えすぎて悩んでしまうことも。

関係があることに気づきました（上図参照）。ダンケルの分類によれば、たとえば、横を向いて寝る人は**半胎児型**で、ストレスをためにくく気持ちが安定しているとされます。

その他、ひざをついて腰を上げた姿勢は**スフィンクス型**。一見苦しそうですが、このような姿勢で寝てしまう人もいます。「まだ寝たくない」という気持ちの表れでもあり、子どもに多いようです。

あなたの寝姿はどのタイプですか？　自分では気がつかなかった心理状態が、わかるかもしれません。

豆知識　ぐっすり眠るためには
寝相の悪さは、睡眠中何度も寝返りを打つのが原因。眠りが浅くなり、疲れがとれません。寝相に悩んでいる人は、睡眠環境（室温、寝具の重さなど）を見直してみましょう。

WORD 寝言…寝ている間に発する言葉。レム睡眠中に出ることが多いが、より深いノンレム睡眠中にも出ることがある。ストレスがたまると頻度が高くなる。

しぐさに表れる自分の本心

何気ないしぐさや手足の動きには本心が表れます。自分のしぐさを見なすと同時に、相手の動きもチェックしてみましょう。

コントロールできない部分に、隠れた心理が表れる

顔の表情はある程度コントロールできますが、手や姿勢、足は意識がおろそかになりやすい部分。とくに足はボディランゲージ※でもめったに使わないため、気がつかないうちに本心が出てしまっていることもあります。

貧乏揺すり

フラストレーションを感じているときのしぐさ。これが癖になっている人はストレスが慢性的になっていたり、常に不安感を抱いていたりする可能性が高い。

足の動き

● **大きく広げている**

リラックスしており、相手に対してオープンな証拠。自分に自信がある、性格が大らかであるという場合も。

● **足を閉じている、足を組む**

自信がなく相手を警戒している。ただし、女性はマナーの観点この限りではない。

● **足を何度も組み替える**

女性が足をもじもじさせたり、足を何度も組み替えるのは、好意や注意を引きたいという心の表れ。

※ボディランゲージ…音声によることなく、からだの動作(身振り・手振り・表情など)を用いて相手に意思を伝えること。身体言語。

■その他の部位に表れるしぐさ

手・腕

手のひらを見せている
▶ 相手に心を開いている

しきりに頭や顔の周りを触わる
▶ 緊張、不安などを感じている

話に合わせて体の前面で手を動かす
▶ 主導権を握りたいという欲求

手をポケットなどに入れる
▶ 嘘をついている可能性がある

腕を組んでいる・こぶしを握りしめる
▶ 緊張、警戒、拒絶感の表れ

腰に手を当てる
▶ 自己中心的、相手を見下している、優位に立ちたいと思っている

姿勢

からだを相手に向けない
▶ 相手への拒否感の表れ

からだを前傾させる
▶ 相手や相手の話に興味を持っている

背中が丸まっている
▶ 自分に自信がない。不満やストレスを抱えている。逆に、背筋を伸ばしているのは自信の表れ

ほおづえをつく
▶ 退屈している

からだを引いている
▶ 相手や相手の話に興味がない

首を傾（かし）げる
▶ 納得していない気持ちを表す。女性の場合は頼りたい、甘えたいという好意の表れである場合もある

くせ・しぐさ 05

つい人を見下してしまう

心理の裏にあるのは無邪気な「子どもの心」？

人を見下して優位を保とうとする

他人を見下したり、馬鹿にしたりする**上から目線**の人が周囲にいると、気分が悪いものです。そもそも、人は誰もが「優れた存在でありたい」と願っています。他人と自分を比べて、密かに**優越感**を感じるなどの行為は、誰にでもあるのです。

一方、根拠なく「自分は優れている」と思い込む人がいますが、その心理の背後にあるのは「自分は何でもできる」という**万能感**です。通常、人は成長過程で失敗や挫折を受け入れ、現実的な**自己イメージ**と折り合いをつけていきます。ところが、何らかの理由で、万能感を抱いたまま大人になるケースもあります。

こうした万能感にはよりどころが

> WORD ▶ 優越感…自分が人より優れているという感情。

幼児の万能感と成長の過程

「自分には何でもできる」という万能感をもつのは、幼児の特徴。成長過程で現実に向き合わないと、間違った認識を抱いたまま大人になってしまいます。

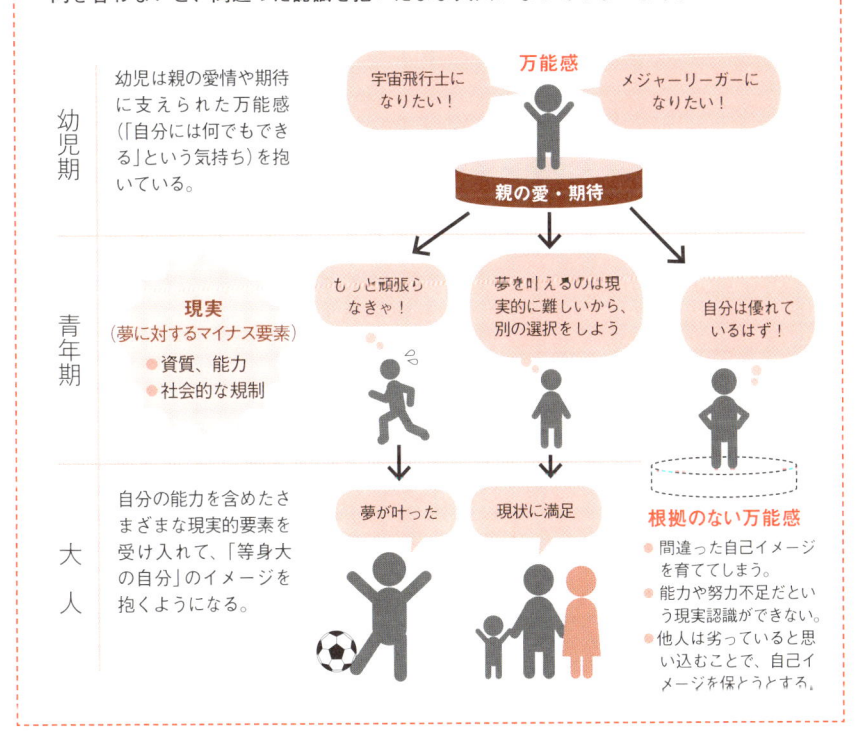

幼児期
幼児は親の愛情や期待に支えられた万能感(「自分には何でもできる」という気持ち)を抱いている。

万能感
- 宇宙飛行士になりたい!
- メジャーリーガーになりたい!

親の愛・期待

青年期
現実(夢に対するマイナス要素)
- 資質、能力
- 社会的な規制

- もっと頑張らなきゃ!
- 夢を叶えるのは現実的に難しいから、別の選択をしよう
- 自分は優れているはず!

大人
自分の能力を含めたさまざまな現実的要素を受け入れて、「等身大の自分」のイメージを抱くようになる。

- 夢が叶った
- 現状に満足
- 根拠のない万能感
  - 間違った自己イメージを育ててしまう。
  - 能力や努力不足だという現実認識ができない。
  - 他人は劣っていると思い込むことで、自己イメージを保とうとする。

ないため、内心は自信がなく、不満と不安でいっぱいです。他人をおとしめることで「自分は優れている」と自分自身に信じ込ませているのです。こうした人は、**客観的に自分を見つめ、地道な努力の成果としての自尊心を育てる必要があります。**また、他人の優れている部分を尊重する態度が望まれます。

ただ、前述のように誰もが自分と他人を比較し、上から目線になってしまう可能性はあります。自分を省み、他人をほめる素直な気持ちを忘れないようにしたいものです。

豆知識 親の育て方が理由のことも

万能感が大人になっても失われない一因として、親が子どもに期待し、ほめ続けて育てたことが要因にあります。親自身が「自分の子はできがいいはず」と思い込んでいるのです。

WORD 万能感…自分に不可能なことはない、などと思い込む状態。幼児期には自然にあるが、一般的には大人になると薄れる。

くせ・しぐさ 06

自分の話ばかりしてしまう

「自分が一番」のナルシストはめんどくさい人と紙一重

プライドは高いが傷つきやすい

ギリシャ神話に出てくるナルシスは、泉に映った自分の姿に恋する美しい少年です。このことから、自分への愛（**自己愛**）をナルシシズムと呼びます。現代にも、ナルシスのように、「自分大好き」なナルシストはたくさんいます。ナルシストのお気に入りのテーマは自分。「俺って」「私の場合」が口ぐせで、いつもその場の話題をさらってしまいます。

「自分大好き」の根拠は、異常に高い**自尊心**と肥大した**自己イメージ**です。その反面で、他人からの評価に敏感で傷つきやすいところもあり、「評価してくれない周囲が悪い」と思い込んで自己弁護します。自己中心的で、いつもちやほやされていな

WORD 自己愛…自分を好きだと思い、認める心。人は幼児期の自己愛から、自己の体の一部を愛する「自体愛」を経て「対象愛」へ移行し、他者を愛せるようになる。

自己愛性パーソナリティ障害の症状

「自分が好き」という気持ちは誰もがもっています。ただし、以下の項目が半分以上あてはまると要注意。病的なナルシストの可能性もあります。

- ☑ 人より優れていると信じている
- ☑ 権力や成功、自分の魅力について空想することがよくある
- ☑ 業績や才能を誇張して人に話す
- ☑ いつも誰かから賞賛されていたい
- ☑ 自分は特別であると信じており、その信念に従って行動する
- ☑ 人の感情や感覚がよく分からない
- ☑ 人が自分のアイディアや計画に従うことを期待する
- ☑ 人を利用することがある
- ☑ 劣っている人に傲慢な態度をとる
- ☑ 誰かに嫉妬されていると思う
- ☑ 誰かをねたましく思うことがある
- ☑ 人間関係のトラブルが絶えない
- ☑ いつも目標が達成できない
- ☑ ささいなことで傷つく
- ☑ 周囲から拒否されていると感じる
- ☑ プライドがすぐに揺らぐ
- ☑ 感傷的になることがあまりない

> 人から嫉妬されてこまってるんだ

これらの自己愛的行動が病的になったものが**自己愛性パーソナリティ障害**です。人間関係や仕事などに支障を来し、日常生活が営めなくなることもあります。

ナルシストの傾向があると自覚している人は、**他者を認め、理解しようとすることが大切**。また、自分の劣った部分や失敗を素直に受け入れるよう努めましょう。

いと不機嫌になるなど、子どもっぽいところもあります。周囲からは心底、「面倒くさい人」として認定されていることでしょう。

豆知識 実は自分が嫌いなのかも

人からの評価や賞賛を求める行動の背景には、自分の力や価値観に自信がもてない心理があります。自己愛という言葉の意味とは反対に、自分を認められず愛せないのかもしれません。

WORD 自己愛性パーソナリティ障害…自己愛が高じて、人間関係や仕事に問題が生じるなど、生活に支障を来すようになったもの。

くせ・しぐさ 07

怒りを抑えることができない

キレやすい性格はコントロールできる

本能でもある攻撃行動は社会生活を壊す原因にも

ささいなことで感情のタガがはずれ、怒りを発散してしまう…。こんなキレる人を時折目にします。ストレスやフラストレーションが、精神に負担をかけているのでしょう。

怒りを感じたときには、人間は本能的に、**攻撃行動**をとりたくなります。攻撃行動とは殴る蹴る、物に当たるなどの暴力行為のみならず、口頭やメール、ネット上で罵倒するなど、言葉によるものも含まれます。

当然ですが、いくら本能とはいえ社会生活を営んでいくためには、行動を抑制しなければなりません。攻撃は人間関係を壊し、相手も自分をも傷つける結果になるからです。キレやすいという自覚がある人、実際

WORD キレる…たまったフラストレーションが限界に達し、感情のコントロールがきかなくなって、突発的に問題行動を起こしてしまうこと。

128

怒りのコントロール法

怒りを鎮めるための自己説得法とストップ法を紹介します。
ふたつ併せて行うのも効果的です。

自己説得法

① 状況を把握
「自分は怒っている」と認識する。

② 検証
怒りが正当なものかを考える。

③ 怒りが正当な場合
a. 解消法を検討
　抗議するなど

怒りが正当でない場合
b. 見当違いであることを、自分に言い聞かせる

④ イメージ
③で考えた解消法を行動に移した場合の結果や、それが望ましいものかどうかをイメージしてみる。

⑤ 気持ちを再確認
まだ怒りが残っているかどうか確かめる。この時点で冷静になっていることも多い。

⑥ ③で考えた解消法を実行
実行することで怒りが消えれば成功、消えなければ、ほかの方法を考える。

ストップ法

怒りの感情が沸き上がって来たら、「ストップ！」と叫ぶ。

応用編
- 「ストップ」と書いた小さなカードを用意し、いつでも取り出せるようにしておく。
- 怒りがわき上がって来たとき、カードを見つめながら「ストップ」と言う（声を出せない状況のときは、見るだけでも効果がある）。

に攻撃行動をとってしまいやすい人は、怒りをコントロールする術を身につけておきましょう。その方法には、自分自身との対話で冷静さを取り戻す「自己説得法」や、別の行動をとって気持ちを切り替える「ストップ法」があります。

ただ、怒りを抑制してばかりでは、ストレスがさらにたまってしまいます。誰かにグチを聞いてもらったり、ボクササイズなど、攻撃衝動を解消できるようなスポーツをしてみたりするなど、どこかにはけ口を用意しておくことも大切です。

豆知識　八つ当たりがいじめの原因

攻撃行動を別の対象に向ける「八つ当たり」には連鎖があります。上司に向けられない怒りを妻へ、妻は子どもへ、子どもは自分より弱い子へ…といぅ具合に、終わることなく続きます。

WORD ストップ法…「ストップ！」と口に出すなどして、怒りを鎮める方法。アメリカの人事コンサルタントであるストルツが考案した。

くせ・しぐさ 08

つい言い訳をしてしまう

もともとの性格に関係がある

失敗を人のせいにするか自分で受け止めるか

自分がミスをしたのに、謝罪よりも言い訳が先に立ってしまうことがあります。これはどのような心理からなのでしょうか。

言い訳をしたくなるのは、**外的統制型**（▼P92）の性格が原因です。自分の行動によって生じた結果が、外的な要因に大きく左右されていると考えます。人のせいにするのでストレスがたまりにくい反面、ミスから学ぶことなく、失敗を繰り返しがちです。また、成功しても「運がよかった」などと考えるので、自分の能力に自信がもてない面もあります。

一方で、成功や失敗は自分の能力や努力の結果だと捉える傾向のある人は**内的統制型**（▼P92）だといえ

WORD ▶ 謝罪…自分の非を認め、不利益を受けた相手に許しを請うこと。日本ではその場を収めるために使われることも多いが、安易な謝罪で不利な立場を招くこともある。

失敗をどう考えるか

アメリカの社会心理学者ワイナーは、成功と失敗の原因をどのように考えるかが、その後の目的意識に影響するとしました。

自分（内的要因）

変えられないこと
「ミスをしたのは能力がないからだ」
■才能、能力が原因
反省したのはよいが、改善するのが難しい能力的な問題を原因と考えると、自らのやる気をなくしてしまう。

変わり得ること
「もう一度見直せばよかった」
■努力が原因
「次に頑張ればできる」と意欲を高めることができ、成長が見込める。ただし、常に努力しようとするあまり、燃え尽きる可能性もある。

他者（外的要因）

変えられないこと
「もともとミスが起きやすい構造なんだ」
■組織が原因
責任を他者に向けているため、ストレスはない。ただ、いつもこのように考えていると自分で努力をしなくなってしまう。

変わり得ること
「ミスを見落としたのは運が悪かった」
■偶然が原因
運・不運に原因を帰するため、本人にストレスはたまらない。ただし、自ら反省することもなく、成長は望めない。

ます。このタイプは、失敗したら反省するので、ミスを繰り返すことは少ない反面、自分を責めて落ち込むなど、メンタル面に影響が出やすいといえます。

こうして比較すると、内的統制のほうが仕事では有利なように思えますが、現実的には、すべてを個人の責任にするのは無理があります。外的統制型と内的統制型、双方のいいところをバランスよく取り入れると、ストレスをためず前向きに仕事に向き合えるのではないでしょうか。

使える！心理テクニック

言い訳は必須のテクニック

言い訳は自己正当化の手段。高度な言い訳を操れるようになることは、人人の社会を生きていく上で必須でしょう。ただし前提として、失敗を認める謙虚さも求められます。

> **WORD** 言い訳…自分の事情や言い分を説明すること。一般的には潔くないとして嫌われる傾向にある。

くせ・しぐさ 09
気づくと独り言を言っている

仕事中などについ、考えが口に出てしまう

ストレスや不安を解消するためがほとんど

ブツブツ独り言を言っている人がそばにいると気になるものです。独り言でも、突発的に口に出てしまう「しまった！」とか「よいしょ」などは問題ありません。ひとり暮らしが長い人は、独り言がクセになってしまっている場合もあります。

独り言を言う人は多くの場合「あれはこうだから、こうなって」「そうか、じゃあこうすれば」などと、自分の考えをすべて口に出しています。こうした独り言は、自分では気づかないうちに周囲に迷惑をかけているかもしれません。

独り言の多くは、**不安やストレス**からきています。**貧乏揺すり**（▼P122）などと同じく、声を出すこ

WORD 空笑…誰とも話していないのに、ひとりで笑っている症状のこと。「思い出し笑い」とは違い、幻聴を聴いて真剣に笑っていることが多く、精神分裂病の兆候である可能性が高い。

独り言の種類

多すぎる独り言は病気の兆候かもしれません。
最近独り言が増えてきたと思ったら、セルフチェックをしてみましょう。

正常な独り言

- スポーツ観戦をしているときに「そこだ！」などと言う。
- 仕事中など、何かに熱中しているときに「よし」などと口に出してしまう。
- 重いものを持ち上げるときなどに「よいしょ」と言う。
- ミスに気づいたときなどに「しまった！」と言う。
- 仕事の段取りなど、頭の中で考えていることが口に出てしまう。

→ 正常な範囲内。ただしあまりに独り言が多い場合は、ストレスが慢性化している可能性もある。

「よし、次はこうしよう！」

病気の可能性がある独り言

- 本人に自覚がない
- 誰かと対話しているように話す
- 「死ね」「ぶっ殺す」など、ネガティブな内容
- 何もないのに笑っている

「死ね」 「ぶっ殺す」

とにかって自分を落ち着かせたりストレスを発散したり、自分を落ち着かせたりしているのです。無理にやめようとするとはけ口を失ってしまうので、ストレスを軽減する解決策を探しましょう。

ただし、心の病の兆候である独り言もあります。そばに誰もいないのに対話をしているように見える「独語」や、おかしくもないのに笑う「空笑」などは、統合失調症の代表的な症状です。また、高齢者で独り言が増えてきた場合は認知症の可能性もあります。

使える！ 心理テクニック

独り言を役立てる方法

独り言でも、「今日は調子がいい」などポジティブな言葉なら、プラスの自己暗示で仕事やスポーツの効果が上がります。ただし、実行するなら周囲に人がいないときのほうがよいでしょう。

WORD ▶ 統合失調症…幻覚や妄想が主な症状。また日常生活で適切な行動ができなくなり、周囲から「怠けている」「常識がない」などと誤解されることも多い。

他人と目を合わせられない視線恐怖症

アイ・コンタクトは大切な非言語（ノンバーバル）コミュニケーションのひとつです。「他人と目を合わせるのが苦手」という人は、その原因を探り、克服に努めましょう。

視線恐怖症の種類

視線を怖がるのは自信のなさの表れか、対人面で生じる緊張、不安から逃げたいという心理の働きなどが原因だと考えられます。視線恐怖には以下の4つのタイプがあります。

※ただし、通常のコミュニケーションにおいて視線を合わせるのは、長くても2～3秒。それ以上視線を合わせるのは、好きという気持ちを込めるときや、反対に相手を威嚇（いかく）する場合くらいなので注意が必要です。

他者視線恐怖症

他人からの視線が気になり、「自分がどう見られているか」という気持ちに異常に執着してしまう。常に誰かに見られていると感じ、他人の視線を怖がるようになる。

自己視線恐怖症

自分の視線が相手に嫌な思いをさせているという気持ちになる。「目を合わせないと失礼」という気持ちがありながら、目を見ると「にらんでしまう」と思い込み、ジレンマに苦しむ。

脇見恐怖症

他人を自分の視界の中に入れただけで迷惑をかけたと思い込む。「自分は見たくないのに見てしまった」「そのせいで不快な思いをさせてしまった」「視線がコントロールできない」などと、解決法の見つからない悩みのループに陥る。

正視恐怖症

人と対面したときに目を合わせられない。自己視線恐怖症は「見ることで人に迷惑をかける」という思いが元になっているのに対し、正視恐怖症では「目を合わせるのが恥ずかしい」という、自分が恥をかくことへの恐怖が根本にある。

視線が怖いのはこんな場合も

社会不安障害…社交不安障害とも呼ばれる。対人面での緊張が高じて、声や手足のふるえなど、さまざまな身体症状が出る。

対人恐怖症…神経症の一種。人前で失敗することを恐れるあまり、人と接する際に異常に緊張してしまうこと。社会不安障害、パニック障害、引きこもりなどの原因にもなる。

視線恐怖症を克服するなら場数を踏んで慣らしていくことが得策！

人と接するのが苦手でも、場数を踏めばある程度慣れることができます。どんな人でも、緊張することはあります。失敗しても「お互いさま」ですから、気楽に構えましょう。

くせ・しぐさ 10

「限定」や「セール」の言葉に弱い

ついつい財布のひもが緩んでしまう

「希少なもの＝価値がある」と思い込みやすい

最近は「季節限定」などと銘打った商品が多く出回っています。「限定」とついていると、なぜか欲しくなってしまいます。

ひとつには数が少ないものを価値が高いと思い込む希少性の原理が働くため。また「最後の1点」などとすすめられると、つい買いたくなりますが、これは心理的リアクタンスの働きのせい。買うも買わないも自分の自由なはずですが、商品がなくなると、結果として自由が奪われることになります。その自由を取り戻そうとする心理から、商品が実際以上に魅力的に見えてくるわけです。

また、買い物に行ってセールなどが開催されていると、買いすぎてし

⭕WORD ▶ 心理的リアクタンス…決定、判断などの自由が脅かされたときに抵抗する心の働き。たとえば、「早く勉強しなさい」などと言われて勉強する気が失せる気持ちなど。

ココロファイル 7

実験で明らかになった「希少性の原理」

実験 スウェーデンの社会心理学者ステファン・オーチェルは、希少性を求める人間の心理について実験で明らかにした。2つのグループに、それぞれ数量の違うクッキーの入った瓶を2回に分けて渡し、味を評価してもらった。

	クッキーを食べてもらう順序	味の評価
Aグループ	最初に10枚入りの瓶から1枚とってもらい、次に2枚入りの瓶から1枚とってもらった。 1回目 10枚入り → 2回目 2枚入り	2回目に食べたクッキーのほうがおいしい
Bグループ	最初に2枚入りの瓶から1枚とってもらい、次に10枚入りの瓶から1枚とってもらった。 1回目 2枚入り → 2回目 10枚入り	最初に食べたクッキーのほうがおいしい

結果 数が少ないほうが、より高い価値を感じやすいことがわかった。

「おいしい!」

PART 4 くせ・しぐさでわかる本当の性格　「限定」や「セール」の言葉に弱い

まうことがあります。これは、「○○セール」「○○フェア」などと銘打たれることで、その売り場がハレ*の場と化してしまうためです。ハレの場とは、お祭りなどの非日常的な空間のこと。気分が高揚して金銭感覚が狂い、普段なら高いと思うようなものも「安い」と感じるのです。売り手はこうした心理を利用し、あの手この手でお金を使わせようとします。「限定」や「セール」の言葉に弱いという自覚のある人は、注意しましょう。

使える！ 心理テクニック

「お得」を選ばないときも

「1980円」といった端数価格を見ると、安いと感じてしまいますが、嗜好品やぜいたく品については、この法則は当てはまりません。値段でなく、価値で選んだという満足を感じたいからです。

WORD ハレ…「ハレ」は公の改まった席、状態。これに対し普段通りの生活や状態は「ケ」とする。民俗学者の柳田國男によって提唱された日本の伝統的な考え方。

くせ・しぐさ 11

部屋が片付けられない

いつのまにか「汚部屋（おべや）」になっている

完璧を求めすぎるとハードルが高くなる

「男やもめに蛆がわく」などと揶揄（やゆ）されたり、最近は「汚部屋女子」と呼ばれるなど、部屋を片付けられないのはいつの時代も悩みの種です。

片付けられない人の心理のひとつには、**完璧主義**があるかもしれません。完璧主義の人が満足できるほどきれいにするためには、非常な手間と時間がかかります。それを思うとうんざりして「もっと時間のあるときに」「疲れていないときに」などと、後回しにしてしまうのです。

片付けられないのには病的な理由の場合もあります。**ADHD（注意欠陥多動性障害）**の場合は、ひとつのことに集中できない、優先順位をつけるのが苦手、といった症状があ

> **WORD** 完璧主義…ある物事について完全な状態を目指す考え方。

片付けられない心理とは

片付けが苦手な人の心理状態として、以下のようなパターンが考えられます。

完璧を求めてしまう

仕事や遊びなどが忙しく、掃除の時間がとれない。

↓

完全にきれいにするには時間と手間がかかる。

↓

「もっと時間のあるときに」と、後回しにしてしまう。

↓

部屋がどんどん散らかっていく

優先順位がつけられない

何かに手をつけたとたん、ほかのことが気になってしまう。

↓

今やっていることをそのまま置いておいて、ほかのことを始める。

↓

ものが出しっぱなしになり、散らかっていく。

↓

片付かない — ADHD（注意欠陥多動性障害）

ものが捨てられない

新しいものを見ると欲しくなり、手に入れる。

↓

使わなくても「いつか必要になるかも」ととっておく。

↓

モノが増える一方で収納場所がなくなり、散らかっていく。

↓

捨てられない — 溜め込み障害

るため、片付けること自体に困難を感じます。また、他人にはガラクタとしか思えないようなものを溜め込んでしまうのが、**溜め込み障害**です。「いつか必要になるのでは」という不安感があり、捨てられません。ただ、こうした症状は、軽度のものであれば誰もが思い当たるものです。いらないものを捨て、整理整頓するという手順がわかれば、片付けはそれほど難しいことではありません。また、ほどほどならよしとする「適当さ」があったほうが、きれいな部屋を維持できるのかもしれません。

豆知識　お客を招くときれいになる
家に人を招くのは、部屋を片付ける大きなモチベーションになります。ただ慣れると、片付いてなくても平気になってしまうので逆効果。飽くまでも「ときどき」の手段にしましょう。

> **WORD** ADHD（注意欠陥多動性障害）…不注意、多動性、衝動性を症状とする精神疾患。子どものときに発症する場合が多い。

くせ・しぐさ 12

「超」がつくほどのキレイ好き
他人を「汚い」と思う心理

何度も手を洗うなど強迫的な行動が特徴

前項とは反対に、キレイ好きな人の心理を見てみましょう。自分で片付けることを除けば、誰もがキレイな状態のほうが好きなはずです。キレイ好きな人というのは、片付けることがそれほど苦にならない人ということができるでしょう。

ただし、他人の部屋でも散らかっていると我慢できなかったり、ものが斜めに置いてあるとまっすぐに揃えたくなったりするようだと、**潔癖症**の気があるかもしれません。

潔癖症は**強迫性障害**のひとつで、汚れに対して異常なほど敏感になり、我が身を汚れから守ろうとします。電車のつり革が掴めない、何度も手を洗うなどの行動となって表れます。

> **WORD** 潔癖症…何度も手を洗ったり、細菌や病原菌などを恐れて外出できなかったりするなど、汚れが過剰に気になる症状のこと。日常生活や対人関係に悪影響を及ぼすこともある。強迫神経症の一種。

あなたは潔癖症？

当てはまるものが多い人は潔癖症の疑いが濃厚。自分で対処できなくなる前に、心療内科などを受診したほうがよいかもしれません。

- ☑ 手を何度洗っても汚れている感じがある
- ☑ 電車やバスのつり革が汚く思え、触ることができない 
- ☑ トイレの便座は必ずクリーナーで拭いてから使用する
- ☑ 親しい間柄でも、飲み物を回し飲みできない
- ☑ 掃除をしても不潔だという感じがある
- ☑ 恋人と手をつないだり体に触れたりすることができない
- ☑ 床に落ちたものを不潔に感じる
- ☑ 他人のパソコンのキーボードに触りたくない
- ☑ 共用スリッパは利用しない
- ☑ 外食するときに、キッチンの衛生状態が気になる
- ☑ 温泉やプールは不潔だと思う
- ☑ ドアノブに触れない

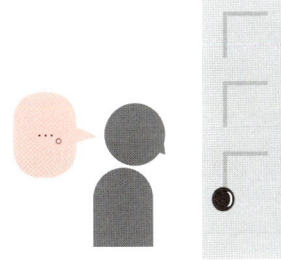

これも程度の問題で、「人の飲んだ容器に口をつけたくない」「公衆トイレの便座が気になる」といったことなら誰しもあるものです。本人や家族が満足し、日常生活に支障が出ない程度であれば問題ありません。

ただし、自分でもおかしいと思うほど、強迫的にある行為を行わずにはいられなくなったり、頭痛やめまい、冷や汗といった身体的な症状が表れるようにまでになったりしたら、専門家に相談したほうがいいかもしれません。

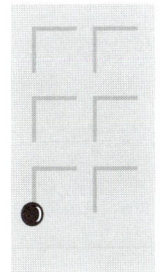

豆知識　幼い頃のトラウマが原因

潔癖症は幼い頃の体験がもとになっていることが多くあります。親自身が潔癖症で、厳しくしつけられたり、不潔なものに接触して大きなショックを受け、そのトラウマから潔癖症を引き起こしているケースもあります。

> **WORD** ▶ 強迫性障害…ある特定の行動や態度をとらずにいられなくなること。たとえばガスの元栓を締めたか気になって、何度も確認せずにいられないなど。

PART 4　くせ・しぐさでわかる本当の性格　「超」がつくほどのキレイ好き

くせ・しぐさ 13

初対面の人に好かれるには?

表情、態度が大きなポイント

第一印象の影響は後々まで響く

初対面で相手に与える第一印象は、その後の人間関係に大きな影響を及ぼします。なぜなら、始めに与えられた情報は、その人の印象を把握するための大きな手がかりになるからです。この印象は非常に強いもので、容易に変えることはできません。これを初頭効果といいます。就職活動やビジネスの場で、印象をよくしようと必死になるのも頷けます。

アメリカの心理学者メラビアンの実験によれば、第一印象で影響が大きいのは表情、態度が55％、声が38％、話の内容が7％となっています。ビジネスの場では、自信のあるハキハキした態度や笑顔、明るい声などが、その後の交渉を有利に運ぶため

WORD 初頭効果…初対面の相手の印象について判断する際に、最初に提示された情報がより強く影響すること。

ココロファイル ❽

ルーチンスの新近効果の実験

実験 アメリカの心理学者ルーチンスは、被験者にある人の性格について書いた文章を読ませ、人の印象はどのように形成されるかを調べた。複数人の被験者に対し、以下のように1回目と2回目で正反対の印象を与えるような文章を読ませた。

1回目
Aさんは内向的であると思わせるような文章

内向的 → Aさんは内向的であると考えた人が多かった

2回目
Aさんは外交的であると思わせるような文章

外交的 → Aさんは外交的であると考えた人が多かった

結果 1回目と2回目で正反対の情報を聞かされると、1回目より2回目の情報のほうが強く残りやすかった。つまり、第一印象を後から打ち消すのは不可能ではないことがわかった。

のポイントとなりそうです。

ただ、内気で、初対面では緊張しがちな人でも、がっかりしなくて大丈夫。**親近効果**といって、第一印象より後の印象が重視されることもあるからです。初対面で「とっつきにくい人だな」と思われたとしても、別れるときに笑顔で対応できればしめたもの。いい印象で締めくくってもらえる可能性が高まります。

また、最初の印象との対比によって、後の印象がさらに強められる効果も期待できます。

豆知識　長所は強くアピールする
ある強い特徴によって全体を評価してしまうことを「ハロー効果」（▼P64）といいます。ですから、第一印象をよくするには、自分のアピールポイントを強調して伝えると効果的です。

WORD 親近効果…新近性効果ともいう。相手の印象などを判断する際に、最初の印象より、判断の直前の情報が強く影響すること。

ココロがわかる！ 心理テスト ④

あなたは歓迎されている？

Q あなたと話している相手が次のような行動をとりました。その相手はあなたを歓迎しているでしょうか、拒否しているでしょうか。歓迎ならA、拒否ならBを回答欄に記しましょう。

1 あなたの顔を見て立ち上がる
2 落ち着いて座っており、あなたの動きを追う他はあまり動かない
3 あなたが話しているとき、じっと目を閉じていたり、まばたきをしたりする
4 目を細め、瞳を縮小させる
5 あなたの動作や表情を真似る
6 おかしいことを言わないのに笑う
7 動きが自然でリラックスしている
8 あなたが話しているときに、机の上のものをいじるなどする
9 服のゴミをとるしぐさをする
10 上着を脱いだり、ボタンをはずしたり、ネクタイをゆるめたりする
11 必要もないのにメガネをかける
12 椅子に姿勢よく座り、前屈みになったり身を乗り出したりする
13 前髪で目を隠す
14 両手を頭の後ろに組む
15 あなたに見せるように腕時計や壁の時計を見る
16 書類などを受け取るとき、あなたのほうに身を乗り出す
17 頭や体を横に傾けたり、そらしたりする
18 頭や顔、鼻などを手で何度も触る
19 腕はデスクの上などに置き、手は軽く開いている
20 からだと顔があなたのほうを向いている
21 立ったままの姿勢を崩さない
22 もっとくつろげる場所に席を移す
23 デスクの上にある障害物を取り除く
24 3回以上うなずく
25 電話が鳴った瞬間、ニヤッと笑ったり、急いで電話に出たりする
26 家族や趣味の写真など、私生活にかかわるものを見せようとする
27 話しながらあなたの体に軽く触れる
28 手を横に振って話を遮る

1	2	3	4	5	6	7	8	9	10	11	12	13	14

15	16	17	18	19	20	21	22	23	24	25	26	27	28

解説 ➡ P187

PART 5

悩みとこだわりを克服する心理学

自分をコントロールできずに、
もどかしく感じていることはありませんか？
自分の心をのぞいて、少しずつ弱点を克服していきましょう。

悩み・こだわり 01

学校や会社に行きたくない

新入生や新社会人に起こる「五月病」

――

なんか頭痛い…

すみません、体調が悪いので休ませていただいてもよろしいでしょうか…

はい お大事に―

昼

あらっ まだ寝てたほうがいいんじゃない？

んー なんかよくなったみたい

おなかすいた♬

新しい環境に心身が適応できない

新しいことが始まる季節、とくに4月には新入生、新社会人など、環境がガラリと変わる人も多いでしょう。新しい自分が晴れがましく、早く周囲に馴染んでがんばろうと、希望とやる気でいっぱいです。

ところが、いつしか学校や会社に行きたくなくなり、朝、ベッドから出られないといった事態が起こり始めます。腹痛などの体調不良を訴えたり、朝は具合が悪いのに、会社を休むことにすると、ウソのように治ってしまったりというケースもあります。また反対に気分が沈み、無気力、何も手につかない焦燥感*などが起こることもあります。

これは、新しい環境へのストレス

WORD 焦燥感…イライラして焦る気持ちのこと。不安のせいでじっとしていられない状態。早くやろうとしてイラだつ感情。

五月病に対処するコツ

真面目で責任感の強い人がなりやすい五月病ですが、ストレスの多い現代では、誰もが発症する可能性があります。

「〜ねばならない」と考えるのをやめる

すべてを完璧にできるわけではない。「ほどほどにこなせればOK」と、おおらかに構えたほうが心身の健康のためにはよい。

まあ、いいか

周囲に相談できる人を見つける

周囲にサポートしてくれる人がいると、心の病を発症しにくい。ひとりで抱え込まず、同僚や先輩、家族などに悩みを話すことも大切。

実は…

オンとオフを切り替える

だらだらと仕事をせず、プライベートの時間を確保する。没頭できる趣味をもつと気分転換になり、オン・オフの切り替えがしやすい。

お先に

ストレスのもとを突き止める

自分が何にストレスを感じているかを洗い出す。そうすることで、具体的な対処法（▶P58〜）が見つかる場合もある。

から起こるもので適応障害*のひとつ。俗に五月病（▼P54）といいます（最近では、社員研修が終わって実際の仕事が始まる6月に症状が出ることも多いので、**六月病**とも）。とくに真面目な人は五月病になりやすいので注意が必要。自分だけで張り切りすぎず、周囲に助けてもらったり、身近に相談できる人をつくっておいたりすることが大切です。

周囲の人は悩みを聞くなど、温かく支えてあげましょう。「学生気分が抜けていない」などと叱ると、相手をさらに追い込んでしまいます。

> **豆知識** うつ病のサインである場合も
> 適応障害は、ストレスがなくなれば半年ぐらいで収まるもの。ただし、うつ病などの前段階であることも多いため、症状が長引く場合は専門家に相談する必要があります。

WORD 適応障害…特定の状況や出来事が辛く感じられ、抑うつや不安、焦り、緊張など気分の変調を起こす。過度な飲酒や暴食などの行動として出る場合もある。

悩み・こだわり 02

悪いほうへと考えてしまう
自分に「ダメ人間」のレッテルを貼る

あと1分で試験を始めます

ペンケースはしまうように

あれ…いつもの鉛筆忘れてきた…

それでははじめ！

あーあ…そういえば来る途中黒猫が横切ったし…

なんだか腹も痛いし…昨日食べた肉が古かったかな…

しかもどれも難しいし…

単位取れずに留年か…!?　一問も解けてない…

悲観的な思考は連鎖して起こりやすい

　ものごとを悪いほうに考え、不安でたまらなくなる…。慎重さは悪いことではありませんが、行き過ぎるとマイナスの自動思考（▼P64）に捉われ、さまざまなことに適切に対処できなくなります。

　何事も悪く捉えてしまう人は、悲観的な思考回路の持ち主だといえます。心理学者セリグマン*は、悲観的な思考パターンの人は、一時的な失敗を「ずっとこうだった」「いつも失敗している」かのように思い込む傾向があるとしています。

　また悲観的な考えには少なからず「認知の歪み」が生じていると考えられます。たとえば、ある仕事がうまくいったとしても、その理由を自

> **WORD** セリグマン…アメリカの心理学者。うつ病や異常心理の研究で知られており、「楽観主義の心理学」を提唱している。

148

「認知の歪み」の10のパターン

心理学者バーンズは、認知の歪みを10のパターンに分類しました。自分がどの例に当てはまるか分析すると、マイナス思考に陥るのを防ぐことができるようになります。

1 「すべてか皆無か」で考える
ひとつでも欠点があると、全く価値のないものだと考える。ものごとを多方面から捉えることが大切。

2 一般化の行き過ぎ
ひとつ悪いことが起こると、「いつもこうなる」「うまく行ったためしがない」などと考える。

3 心のフィルターがかかる
悪い側面ばかりを捉え、よい側面を無視する。❶と同様に完璧にできないことで自信を失う。

4 マイナス思考
ささいなことを悪い出来事にすり替えてしまう。自分の価値を自ら引き下げることになる。

5 結論の飛躍
「遅刻してしまった→自分はダメな人間だ」などと飛躍した結論に至る。自動思考の典型パターン。

6 誇大視と過小評価
自分の短所や失敗は大きく捉え、長所や成功を評価しない。「双眼鏡のトリック」ともいう。

7 感情的な決めつけ
「こんなに不安なんだから、失敗するに違いない」など、マイナスの感情で物事を決めつける。

8 「すべきである」と考える
「〜したい」ではなく「〜すべき」と、何者かに律せられているように考える。できないと自分を責めてしまう。

9 レッテルを貼る
失敗したときに「自分は大馬鹿者だ」などと、ネガティブなレッテルを貼る。

10 自己関連づけ
他人の失敗を自分に引き寄せて考え、自分を責めてしまう。自己評価を低下させる思考パターン。

そのほか、相手のちょっとした態度を過敏に捉えて「嫌われている」などと思い込むこともよくあります。人間関係に自信がもてなくなり、結果として、実際に人間関係を悪化させることにもなりかねません。

悪い考えが頭に浮かんだら、起こっている出来事について冷静に考えてみましょう。多くは、自分の思い込みにすぎないはずです。

分の能力や努力に帰さず、「たまたま運がよかった」などと、捉えてしまうのも、典型的な例です。

豆知識 言葉を味方につけよう

嫌なことがあったり不安が強くなったりしたら、「私はできる」「絶対にうまくいく」など、ポジティブな言葉を口に出す習慣をつけましょう。これだけのことでも、悲観的な思考にストップをかけることができます。

WORD 認知の歪み…不合理な考え方のこと。うつ病などに見られる思考パターンでもあり、日常生活に異常を来すほど強く捉われる場合もある。

悩み・こだわり 03

仕事のことが頭から離れない

死に至ることもあるワーカホリック

プライベートや家族を犠牲にして働き続ける

仕事は単に日々の糧を得る手段というだけではありません。仕事を通じて、自己実現や社会貢献をしたり、周囲から評価されたりと、さまざまなメリットや報酬を享受しています。

ただし、仕事好きが高じて、プライベートを犠牲にしては本末転倒です。家族とすごしている間も仕事が気になって上の空になったり、深夜残業や休日出勤を続けていたりという状況なら、**ワーカホリック** かもしれません。

ワーカホリックに陥るきっかけはさまざまです。ノルマや納期に追い立てられてやむなく働く場合もあります。責任感や完璧を目指そうとする気持ちから、仕事に没頭すること

WORD ワーカホリック…仕事中毒。Work（仕事）とAlcoholic（アルコール中毒）を合成した言葉。家庭や趣味などの私生活や自分の健康を犠牲にして仕事に打ち込んでいる状態。

ワーカホリックになりやすい性格

いわゆる性格分類の「タイプA（▶P42）」とカテゴライズされる性格の人は、比較的ワーカホリックになりやすいといえます。

タイプA

向上心の高い野心家。自分にも人にも厳しく、周囲に対しても常に不満やイライラを感じている。

周囲に気を遣う
ひとりだけ早く帰ったり、有給休暇をとることに罪悪感を抱く。

- みんなは残業しているし…
- 休むと人に迷惑をかけるから…

責任感が強い
自分がいないと仕事がダメになるなど、過剰に責任を背負う。また失敗するとすべて自分のせいだと思い込む。

- 他人には任せられない
- 徹夜してでも間に合わせよう

真面目で几帳面
完璧主義な面があり、自分が納得できるまで仕事をやり込んでしまう。

- この書類、よく見ると詰めが甘いな
- もう少し手を入れてみよう

その他、仕事依存になりやすい人は右のように考える特徴がある。
- ほかのことをするぐらいなら仕事をしていたい
- 家族や友達などの人間関係は面倒だ
- 仕事をしているときだけ、自分は役立つ有能な人間だと実感できる
- 家に帰ってもやることがない

もあるでしょう。そうするうちに、仕事をすること自体に快感を覚えるようになります。これは、依存症といって、アルコール依存などと同様に立派な病気です。

放っておくと家庭生活の崩壊や、心身の病気を招きます。それどころか、行き着く先は**過労死**です。

ワーカホリックを患いやすい人には性格上の特徴がありますが、やむを得ず追い込まれるケースもあります。「自分は大丈夫」などと安易に考えず、真剣に環境や生活を振り返ることをおすすめします。

豆知識　働き過ぎは日本人だけ？
過労死は日本特有の現象として見なされたため、欧米では「KAROHI」と表記されます。しかし、最近では日本だけでなく世界的な労働問題となっています。

○WORD ▶ 過労死…働きすぎて脳血管障害や心疾患などを引き起こし突然死したり、過労を原因に発症した精神的な病によって自殺したりすること。

悩み・こだわり 04

ギャンブルがやめられない
生活を破綻させてまでのめり込む

賭け事には、人を誘い込む心理的な罠が潜んでいる

パチンコや競馬などのギャンブルは、遊びで楽しむ程度ならよいものの、ハマってしまったら注意が必要です。引き際が見極められなくなり、生活に必要なお金まで使い込んだり、借金してまでのめり込むようになったりしたら、**ギャンブル依存症**です。

ギャンブルへの依存は、*プロセス依存のひとつ。ゲームやインターネット、買い物などがやめられなくなるのと同じ心理状態です。

さらに依存性を強めてしまうのが、ギャンブルのもつ*部分強化という特性。何かを行った際に、必ず見返りのあることを全強化といいますが、これに対し、ときどきしか報酬のない部分強化のほうが、刺激的で熱中

WORD プロセス依存…依存症のひとつで、高揚感をもたらす行為などにのめり込むこと。行為にはギャンブル以外に、買い物や万引き、セックスやダイエット、ゲーム、インターネット利用などがある。

152

ギャンブル依存症チェックリスト

ギャンブルが好きな人や、時間があるとすぐパチンコに行ってしまうなどの人は、依存症の兆候をチェックしてみましょう。

- ☑ いつも頭の中でギャンブルのことばかり考えている
- ☑ 興奮を求めてギャンブルに使う金額が次第に増えている
- ☑ ギャンブルをやめようとしてもやめられない
- ☑ ギャンブルをしていないとイライラして落ち着かない
- ☑ 嫌な感情や問題から逃げようとしてギャンブルをする
- ☑ ギャンブルで負けた後、取り返そうとしてギャンブルをする
- ☑ ギャンブルの問題を隠そうとして、家族などにウソをつく
- ☑ ギャンブルの元手を得るために不正な行為をする
- ☑ ギャンブルのために人間関係や仕事、学業が損なわれている
- ☑ ギャンブルでつくった借金を他人に肩代わりしてもらっている

上記中5個以上当てはまったら、「ギャンブル依存」と診断される可能性が高いといえます。すぐに専門家に相談を。

※『精神疾患の分類と診断の手引(DSM-IV-TR)』をもとに作成

しやすくなるのです。またギャンブルには部分強化のなかでも、もっとも人を夢中にさせる不定率強化の原理が働いています。これは報酬の率が定まっていないので、「次は逆転できる」などと期待することで、後に引けなくなってしまうのです。

ギャンブル依存から抜け出すには、まずこれは病気だと自己認識することが必要です。また自力で誘惑を断ち切るのは難しいので、周囲に協力を頼みましょう。余暇は親しい人たちとすごすなどして、ギャンブルから物理的に遠ざかることも大切です。

豆知識　暇な人ほどハマりやすい

変化の少ない生活をしている人は、ギャンブル依存になりやすい傾向があります。心配な人や、すでに足を踏み入れかけている人は、なるべく毎日予定を入れるようにしましょう。

> **WORD** ▶ 部分強化…ある行動に対して、毎回ではなくときどき報酬を与えること。報酬を与える時間や回数の間隔によって、定時隔強化、定率強化、非定率強化などがある。

悩み・こだわり 05

毎日お酒を飲んでいる

つい飲んでしまうのは、依存症の可能性大！

約10年前に比べ依存症患者が大幅増加

女性を含め、多くの人がたしなむようになってきているお酒。ただし、アルコール依存症には要注意です。2014年に行われた厚生労働省の全国調査によると、アルコール依存症で治療が必要な人の数は推計109万人。2013年における推計数80万人よりも大幅に増加しています。

アルコールそのものに**習慣性**があり、最初はビール1缶で十分だったものが、次第に同じ量では満足できなくなっていきます。また、アルコールは麻薬のように脳を麻痺させるため、辛いことや嫌な出来事を一時的にでも忘れられるという特徴があります。

また、なかなか自分で気づきにく

WORD ▶ 習慣性…習慣的に起こる、または行う特性のこと。アルコールやタバコ、薬物などの場合、継続するうちにやめられなくなる状態をいう。

154

アルコール依存症チェック

毎日飲酒する習慣があるという人の多くは、すでにアルコール依存症にかかっている可能性があります。最近6か月間を振り返り、当てはまるものの点数を合計してみましょう（各1点）。　※新久里浜式アルコール症スクリーニングテストをもとに作成

男性版

1. 食事を1日3回、きちんととっていない
2. 糖尿病、肝臓病、または心臓病と診断され、その治療を受けたことがある
3. 酒を飲まないと寝付けないことが多い
4. 二日酔いで仕事を休んだり、大事な約束を守らなかったりしたことがある
5. 酒をやめる必要性を感じたことがある
6. 酒を飲まなければいい人だとよく言われる
7. 家族に隠すようにして酒を飲むことがある
8. 酒がきれたときに汗が出たり、手が震えたり、イライラや不眠など苦しいことがある
9. 朝酒や昼酒の経験が何度かある
10. 飲まないほうがよい生活を送れそうだと思う

0点…正常　1～3点…要注意　4点以上…アルコール依存症の疑いあり

女性版

1. 酒を飲まないと寝付けないことが多い
2. 医師からアルコールを控えるようにと言われたことがある
3. せめて今日だけは酒を飲むまいと思っていても、つい飲んでしまうことが多い
4. 酒の量を減らそうとしたり、酒をやめよっと試みたことがある
5. 飲酒しながら、仕事、家事、育児をすることがある
6. 私のしていた仕事をまわりの人がするようになった
7. 酒を飲まなければいい人だとよく言われる
8. 自分の飲酒についてうしろめたさを感じたことがある

0点…正常　1～2点…要注意（質問6の1点のみなら正常）3点以上…アルコール依存症の疑いあり

「要注意」あるいは「依存症の疑いあり」の人は…
- スポーツなど、酒以外のストレス発散法を見つける
- 週に最低2日ほどは休肝日を設けるなどして、自己をコントロールする
- 朝や昼の飲酒、迎え酒などは絶対にしない

いのも、アルコール依存の怖いところです。「いつでもやめられる」と思いながらも、毎日飲んでしまうのは、すでに自分でコントロールがきかなくなっているからなのかもしれません。

数時間ごとにお酒を飲まずにいられなくなり、仕事や家事、人間関係に支障を来す状態になると、アルコール依存症です。さらに、お酒を飲んでいないときに離脱症＊が起こるようになったら、かなり重度の状態。専門機関での入院治療が必要となります。

豆知識　精神的な悩みがきっかけに

近年では女性や高齢者のアルコール依存症が問題になっています。定年退職後の虚脱感、家庭内の悩みなどがきっかけであることも多く、問題が根深いため、治療が難しいといわれます。

WORD ▶ 離脱症…アルコールや薬物など、常用していたものを摂取しなくなった際に起こる症状。手の震えや発汗、不安感のほかさまざまな身体的、精神的症状が起こる。

へこんでも立ち直る方法

へこみやすいのには理由があります。落ち込みから立ち直る方法を知っておきましょう。

へこみやすい理由①
悪い自己概念を抱いている

自分に対するイメージを「自己概念」といいますが、プラスのイメージを抱いている人は自分に自信があるため、叱責を前向きに捉えることができます。一方、「自分はダメな人間だ」などと思っている人は、一度落ち込むとマイナス思考の連鎖が働き、なかなか立ち直れません。

■マイナスの自己イメージはこうしてつくられる

- またミスをしてしまった
- 私なんて価値のない人間だ
- 私は何をやってもダメだ

叱られたり失敗したことをきっかけに、「自分はダメな人間だ」などといったん思い込んでしまうと、次々と連鎖的にマイナスの言葉が浮かぶようになる。

へこみやすい理由②
ストレス耐性が低い

競争で負ける、強く叱られるなどのストレス状況を経験せずに育った人に多く見られます。ストレスに対応する能力が低く、叱られると強く自分を責めたり、反対に「逆ギレ」したりと、建設的でない行動をとってしまいます。

- 何でまだできてないんだ
- 僕だって、一生懸命やってるんです！

へこみやすい理由③
自分を否定されたと思ってしまう

叱られると自分のすべてを否定されたように受け取り、大きく傷ついてしまう人もいます。たとえば実際は「ミスをした」というひとつの事象について注意を促されただけで、次から気をつければよい程度のことであっても、取り返しがつかないことのように受け取り、自分を責めるなどしてクヨクヨと思い悩んでしまいます。

● 叱られたときにへこまないコツ ●

●「叱られる=期待されている」と考える

叱られるのは誰でも嫌なもの。叱るほうにとっても、気力と手間がかかるので、いわば、手間暇を「投資」してもらっていると考えることができる。悩むエネルギーを、自分を高める方向に転換させよう。

> 私は期待されてるんだわ

●必要以上に自分を責めない

ミスをしたからといって、性格や人間としてのあり方をどうこう言われているわけではない。「自分は何をやってもダメだから失敗してしまう」などと、マイナス思考を連鎖させないように注意。

●ある程度反省したら考えるのをやめる

失敗は誰にでもある。次から同じ失敗を繰り返さなければよいだけのこと。また、誰でも失敗を重ねながら能力を高めるのだから、ある程度反省したら考えるのをやめ、ほかのことに考えを向けるようにする。

> こないだ、上司に怒鳴られたの

> いつものことだからあまり気にしないけど

●「ま、いっか」という軽さもときには必要

フラストレーションがたまっている人は、周囲に八つ当たりをして憂さ晴らしをすることもある。理不尽に叱られたときには、受け流す、心を許せる人にグチを言って済ませるなど、軽く受け止めるようにする。

●小さな成功体験を積み重ね、自信をつける

自己概念を高めて、へこみにくい心を育てる。身近な事柄から「アッハ体験」（▶P76）を積み重ねることにより、自信をもてるようになる。

悩み・こだわり 06

「やせたい」願望が止まらない

やせればやせるほどキレイになれる?

死を招くこともある
摂食障害を引き起こす

今や、ダイエットは老若男女を問わず、普遍的なテーマ。特に若い女性はモデルのようなスラリとした体型にあこがれがちです。しかし、誰もがモデルのような体型になれると思うのは危険。短期間で何十キロも体重を落とすような、過激なダイエットに走る可能性があるからです。

極端に言えば、ものを食べなければ体重は落ちます。しかし、必要な栄養が摂れていないのですから、健康面に悪影響があることも確かです。

ダイエットはギャンブルやアルコールと同じく、**プロセス依存**（▼P152）のひとつでもあり、一度ハマると、どんどん過激化しがちです。過激なダイエットは、**摂食障害**の原

WORD 拒食症…食事を拒む病気。食事をとらないことが普通になり、そのうちからだが食べものを受け付けなくなる。無月経、骨粗しょう症の原因になるほか脳機能低下を起こし、死に至ることも。

拒食を引き起こすダイエットのメカニズム

「美しくなりたい」という願望が、いつの間にか「やせればやせるほど美しい」という固定観念に置き換わってしまうことがあります。

美しくなりたい ▶ やせると美しくなれる

▼

ダイエットの結果、やせた ➡ やせた私は美しい

▼

もっとやせればもっと美しくなれる
やせること＝美しい

▼

誰よりもやせている
＝
誰よりも美しい

▼

もっとやせたい

▼

拒食症

その結果、ガリガリになるまでやせ、客観的に見て美しいとはいえない状態でも、「もっとやせなければ」と自分を追い込んでいく。

因にもなります。摂食障害にはものを食べられなくなる**拒食症**と、食欲が押さえられず異常に食べてしまう**過食症**のふたつがありますが、どちらか一方を引き起こした患者は、もう一方の症状も起こしやすく、両方の症状を交互に繰り返す場合も多く見られます。また摂食障害は、自傷行為や抑うつ症状といった精神症状も引き起こすことがあります。

やせても美しくなれるわけではありません。自分にとっての適正な体重を見極め、計画に基づいた健康的なダイエットを心がけましょう。

豆知識 摂食障害になりやすい性格

拒食症になりやすいのは、真面目で自分に厳しいタイプ。また劣等感を抱いており、「自分が嫌いだ」という感情を常に感じている人は過食症になりやすいといわれています。

WORD ▶ 過食症…一度に大量に食べる症状。太るのを恐れ、噛むだけで飲み込まなかったり、食べたものを吐いたり、下剤で排泄したりといった行為が見られることも多い。

悩み・こだわり 07

ネットにつながっていないと不安
バーチャルな世界にのめり込む

認めてもらいたい心から
ネット依存になる人も

人間には、誰かとつながっていたいという**親和欲求**（▼P29）があります。SNSやオンラインゲームにハマる人が多いのも、そうした心のよりどころだからでしょう。

インターネットは世界中場所を選ばず、まったく見ず知らずの人とでもつながることができるツールです。匿名で参加できるものもあり、通常の会話では口に出さないような心の「つぶやき」が次々と発信されます。

しかし、**バーチャル**な世界にのめり込むと、次第に現実世界をおろそかにするようになります。人と会っていてもスマホが気になる、自分の投稿に対する反応がないと不安を感じる、深夜までゲームやSNSがや

○WORD バーチャル…実体がなく、仮想的、擬似的であること。仮想化された、仮想現実（バーチャルリアリティ）、仮想世界をさす場合もある。

インターネット依存チェックリスト

PCやタブレット、スマホなどで容易にネットにつながれるようになった昨今では、空き時間についついチェックしてしまうことも多いでしょう。
ネット依存になっていないかどうか、チェックしてみましょう。

- ☑ 気がつくと思っていたより長くネットをしていることがある
- ☑ ネット中に、そろそろやめようとしてもやめられないことがある
- ☑ 誰かとすごしたりするよりもネットを選ぶことがある
- ☑ やるべきことがあっても、先にネットをチェックすることがある
- ☑ ネットのために仕事や勉強の能率や成果が低下したことがある
- ☑ ネットで新しい仲間をつくることがある
- ☑ ネットをしていると、日々の心配やストレスが落ち着くことがある
- ☑ ネット中に邪魔をされるとイライラしたり、怒ったりすることがある
- ☑ もしネットがなければ、生活は退屈でむなしく、つまらないだろうと思う
- ☑ 普段の生活でも、ネットのことばかり考えていることがある

上記10項目のうち、5個以上当てはまったらインターネット依存の可能性が高い。

5個以上当てはまった人は…
- 自分はネット依存であるとの自覚をもつ
- 時間制限を設けるなどして、意識的にネットから離れる時間をつくる
- ネットがしたいという衝動を別の行動に置き換える（出かける、人と会うなど）

められず、寝不足が続く…。こうした行動に思い当たったら、**インターネット依存**を疑いましょう。

仕事や人間関係がうまくいかず、空虚さや無気力を覚えている人ほど危険です。**インターネット依存が不安や妄想、錯乱といった深刻な精神症状に進む例も報告されています。**

もともと、仲間を求める心や承認＊欲求が強い人がハマりやすいバーチャル・コミュニケーション。依存症にならないためにも、リアルな人間関係のなかで、自分の存在できる場所をつくっていくことが大切です。

豆知識　時間制限のないネットの怖さ

現実世界と異なり、ネットでは時間に制限がないので、ときを忘れてしまう側面があります。あえて自分で時間制限を設け、意識的に自己コントロールすることを心がけましょう。

○**WORD** 承認欲求…他人から認められたいという欲求。承認の対象を自分以外に求める他者承認と、自己の理想像に基づき自分自身で承認する自己承認がある。

悩み・こだわり 08

いくつになっても自立できない

マザコン、ファザコンの心理

夫不在の家庭環境が母と子の共依存をつくる

マザコン、ファザコンという言葉はよく知られていますが、心理学的にはコンプレックス（複合意識）のひとつとされ、エディプスコンプレックス、エレクトラコンプレックスという言葉で呼ばれています。

フロイトによると、異性の親に執着する心理は幼少のある時期、誰にでも起こります。その後成長するにつれ、異性愛に目覚めてコンプレックスは消えていくのです。

しかし、コンプレックスを克服しないまま成長すると、いつまで経っても親に依存した大人になってしまいます。

マザコンは、一般的には男性に対して使われますが、母親と娘の密着

（コマ内セリフ）
- なんかいい仕事ないかな〜
- 今日はハンバーグにしたのよ
- トモくーん！ごはんよー！ 好きでしょ
- ありがと
- お風呂わいてるわよ
- はーい
- 洗濯物もたたんでおいたから明日ちゃんと着るのよ
- はーい

WORD エディプスコンプレックス…フロイトの提唱による、母親に執着し、父親に敵意を抱く男児の心理。父を殺し母と結婚したエディプス（ギリシャ神話）に由来する。

成長過程で性的欲求（リビドー）はどう変化するのか

フロイトは、子どもの発達段階をリビドー（性的欲求）の対象によって区分しました。

口唇期　0〜18か月
乳を吸ったり噛んだりすることで、口唇の快感を得る。授乳は乳児にとって外界と交流する基本的な手段。

肛門期　1〜3歳
排便による肛門の快感を覚える。トイレトレーニングの過程で親から叱られたり誉められたりすることで、自分をコントロールできるという自信や自立性を身につける。

男根期　3〜6歳
自分の性器に強い関心をもち、性器の違いにより性別を自覚する。異性の親に性的欲求を向け、同性の親を憎む。

潜伏期　6〜12歳
一時的にリビドーが抑圧される。学業や友人関係にエネルギーが向けられる。

性器期　12歳〜
自分の体の部位に向けられていた部分的な性的欲求が統合される。体の成熟とともに、異性に性欲が向けられるようになる。

PART 5　悩みとこだわりを克服する心理学

いくつになっても自立できない

最近ではよく見られます。背景には、父親不在の家庭環境が垣間見られます。寂しさや不満から、本来であれば父親、つまり夫に向けるべき愛情や期待を、子どもに注ぐのです。それが過剰に世話をやく過保護、親の考えを押し付ける過支配といった態度となって表れます。

このような環境で育った子どもは、親の保護や支配からいつまでも自立できず、また親も、子どもを一人前の大人として尊重できません。お互いに依存し合う共依存の関係をつくり上げてしまうのです。

使える！心理テクニック

ひとり暮らしで強制的に自立

親離れをするには、子どもが自立したいという意志を強くもつことが大切です。ひとり暮らしを始めるなど、親と物理的な距離を置くのも有効な手段です。

◎WORD▶ エレクトラコンプレックス…ユングによって名付けられた、父親を独占したいと思い、母親に敵意を覚える女児の心理。エレクトラはギリシャ神話に登場する人物。

悩み・こだわり 09

男らしさ、女らしさって？

「乙女男子」「男前女子」が増えている

生まれながらの性別と生育環境でつくられる性差

誰もが一度は親や周囲から、「男らしくしなさい」「女の子なんだから…」などと言われたことがあるでしょう。本来、生まれたばかりの赤ちゃんにはこうした「〜らしさ」は備わっていません。周囲から自然に入ってくる情報や、教育によって身につくものです。そのため、何が男らしく、何が女らしいのかは国や文化的背景によっても異なります。

昔は、生まれながらの性別と、「男らしさ、女らしさ」などの社会的につくられる性差は一致すると考えられていましたが、現在では前者をセックス、後者をジェンダーと呼んで区別しています。

よく言われる男性らしさ、女性ら

> **WORD** ジェンダー…社会的・文化的な性のあり方のこと。生物学的性別を示す「セックス」に対し、社会的に要求される性的役割などの社会的性差をさす。

164

乙女男子、男前女子チェック

以下の項目はそれぞれ、男らしさ、女らしさとして用いられる尺度です。自分の男らしさ、女らしさはどの程度かチェックしてみましょう。当てはまると思う点数を（　）に書き込んでみてください。

まったく当てはまらない…1
当てはまらない…………2
やや当てはまらない……3
どちらともいえない……4
やや当てはまる…………5
当てはまる………………6
非常によく当てはまる…7

性役割尺度（BSRI：Bem Sex Role Inventory）項目

男性性項目		女性性項目	
●自信がある	（　）	●従順である	（　）
●反論にあうと再反論する	（　）	●ほがらかである	（　）
●人に頼らない	（　）	●内気である	（　）
●運動が得意である	（　）	●やさしい	（　）
●自己主張が強い	（　）	●おだてられると嬉しい	（　）
●個性が強い	（　）	●忠実である	（　）
●押しが強い	（　）	●女性的である	（　）
●分析的に考える	（　）	●共感しやすい	（　）
●リーダーとしての能力がある	（　）	●他人の求めているものがすぐわかる	（　）
●危険を冒す	（　）	●ものわかりがよい	（　）
●決断が早い	（　）	●同情心が厚い	（　）
●自分で何でもできる	（　）	●傷ついた人の心を慰めたい	（　）
●人に指図をする	（　）	●言葉遣いが優しい	（　）
●男性的である	（　）	●温かい	（　）
●自分の立場を明確に打ち出す	（　）	●人やものをいつくしむ	（　）
●積極性がある	（　）	●信じやすい	（　）
●リーダーとしてふるまう	（　）	●無邪気である	（　）
●個人的である	（　）	●激しい言葉遣いを避ける	（　）
●人と競争する	（　）	●子どもが好きである	（　）
●大志を抱いている	（　）	●情が細やかである	（　）

しさとは、男は戦争や仕事に赴き、女性は家庭を守るといった歴史的な**性的役割**から形づくられてきたのでしょう。女性の社会進出が進んだ現代では、こうした伝統的なジェンダーの考え方は適さなくなりつつあります。「私は男（女）らしくない」などと悩む必要はありません。

ただ、これとは別に、「自分は男（女）である」という「**性同一性**」が、性別と一致せずに悩みを抱える人もいます。「**性同一性障害**」という精神的な疾患として捉えられており、性転換手術が必要な場合もあります。

豆知識　男脳と女脳の違い

男性は右脳が、女性は左脳がより発達しており、また女性は左右の脳をつなぐ脳梁が大きいといわれます。この脳のもともとの違いに、さらに個人差が加わって個性をつくっているのです。

WORD　性同一性障害…身体的な性別と、自己の性別に対する認識が一致しないことで大きな悩み、生活上の障害を抱える精神疾患。

悩み・こだわり 10

大人になりたくない
社会に出ることを拒否する永遠の少年

親や周囲に依存して生きていく

ピーターパンは、妖精の国に住む永遠の少年。このおとぎ話が、今なお世界中の子どもたちに愛されていることから、誰もが「永遠に子どもでいられたらいいな」と夢見たことがあるのではないでしょうか。

現実の世界でも、大人になることを拒否する場合があります。アメリカの心理学者ダン・カイリーによって命名された、**ピーターパン症候群**と呼ばれる心理状況です。

大人になりたくない理由に、社会人としての責任を負いたくないという気持ちや、性的に成熟することを恐れる心などが挙げられます。また、ピーターパン症候群の人に共通する心理が、社会を「ウソだらけの、薄

> **WORD** ピーターパン症候群…パーソナリティ障害の一種で、1983年にアメリカの心理学者カイリーによって提唱された。永遠に年をとらないピーターパンになぞらえ、精神的に大人になれない男性を指す。

成長を拒否する、さまざまな症候群

ピーターパン症候群に似たものとして、ほかに以下のような症候群が挙げられます。

途中下車症候群

居場所がない…

社会に出て就職しても、自分の居場所が見つからず短期間で退職して別の会社に入り直すなど。

シンデレラコンプレックス

男性に高い理想を求め依存する心理状態のこと。社会進出して個性や創造性を発揮したいという気持ちと、誰かに依存したいという気持ちの葛藤を表す女性特有の心理。

仕事 / 理想の男性

モラトリアム人間

まだ社会に出たくない

自立すべき年齢になっているのに、自己を確立できず、モラトリアム期（社会に出る前に猶予を与えられている期間）にとどまること。

※その他、理想を追い求めるあまり現実の人間関係や環境に馴染めず、自分探しを続ける「青い鳥症候群」も、成長を拒否する症候群のひとつです。

「汚い世界」として捉えていることです。

社会人として周囲に適応しながら、なんとか生活できている人はさほど心配ありませんが、成人しても収入面などで親に依存している、異性と上手に接することができないなど、社会生活で困難を抱えている人にとっては大きな問題です。

「自分の家」という安全な場所に引きこもっていては、精神的な成熟は望めません。**さまざまな経験を積み、人と交流して、自立した人間としての価値観を育てる必要があります。**

豆知識 日本にも多い症候群

ピーターパン症候群では、父母が不仲な家庭で、父の代わりに母親の愛情を一心に受けて育つことが一因として挙げられます。通過儀礼をもたず、父親が不在がちの日本社会では、よくある状況かもしれません。

悩み・こだわり 11

柔軟なココロをもつためには

「思い込み」は思考を硬直させてしまう

「〜でなければならない」という思い込みを捨てる

この章ではさまざまな悩みについて解説してきました。多くの悩みにおいて共通して言える原因が、「〜でなければならない」という**強迫観念**や思い込みで、がんじがらめになってしまっていることです。「がんばれない人間はダメな人間だ」「〜でなければ生きていけない」「やせていなければ美しくない」などの思い込みにいったん捉われると、思考に**バイアス**がかかり、自分自身で感情を制御できなくなります。

すべてにおいて完璧である必要はありません。また、人は千差万別で、個性をもっているから素晴らしいのです。あなたが「こうあるべき」と思っている理想の人間など、どこに

WORD 強迫観念…本人の意思とは無関係に、絶えず頭に浮かんでくる観念のこと。不快感や不安感を伴うことが多い。普通の人にも見られるが、強く長く続くと苦痛を伴うようになる。

ココロを柔軟にするには

落ち込んだときや、悩みがあるときには、いったん思考をストップして以上のような行動にエネルギーを向けてみましょう。

行動❶ スポーツなどで体を動かす

ウォーキングやジョギングをしたり、フィットネスジムに行ったりするなどして、汗を流す。モヤモヤしていた心もスッキリ。

行動❷ 友人とすごす

心を許せる仲間と出かけたり、食事をしたりする。ひとりで抱え込まず、悩みがあれば、信頼できる人に聞いてもらってもよい。

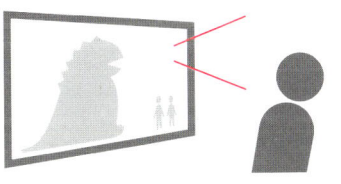

行動❸ 映画を見る

現実とは違う世界に没頭できる映画は、嫌なことを忘れるのにぴったり。思い切り涙を流したり笑ったりして、「心の体操」を。音楽を聴く、読書をするなどでもよい。

行動❹ ネガティブな気持ちを吐き出す

上司のせいで仕事がつらい！

ネガティブな気持ちがあれば、1分など時間を区切ってそのことだけ考えたり、言葉にしたりする。たとえば「私は〜のせいでつらい！」などと、思い切って口に出してみるとよい。

も存在しません。

ですから、ときには肩の力を抜き、「まあ、いいか」と柔軟に受け流す術を身につけましょう。また、たとえば怒りやねたみなど、自分にとって好ましくない感情が芽生えたとしても、受け入れることが大切です。

そうすることで、心が柔軟になり、自分や他者を寛容に受け止められるようになります。そして、「自分はダメ人間だ」「自分が嫌い」と自身で暗示をかけてしまうような、苦しい状況から解き放たれていくはずです。

豆知識 プラスの言葉で心を前向きに

言葉と心はリンクしています。たとえば、ネガティブな言葉を使うと気持ちも後ろ向きになるなどです。否定形を使わず、肯定形で表現しましょう。なんとなくでも気持ちが明るく、前向きになるはずです。

WORD バイアス…物事を歪めて捉えたり、真実とは異なる形で思い込んだりすること。偏見、先入観、強迫観念など。

ココロがわかる！　心理テスト ⑤

ポストに届いた手紙は？

Q 赤いポストの中に、あなたへの手紙が届いています。
以下の質問に答えてください。

1 手紙は何通入っていますか？

2 あなたはそのうちの1通を手に取ります。
　誰からの手紙ですか？

　A 友だち　　　　**B** 親
　C 恋人　　　　　**D** 職場の人

3 その手紙の内容はあなたにとって
　嬉しいものではありませんでした。
　その手紙をどうしますか？

　A 破り捨てる　　**B** 何度も読み直す
　C 返事を書く　　**D** ポストに戻す

解説 ➡ P188

PART **6**

自分にあった恋愛を
楽しむための心理学

なぜ人を好きになるの？ あの人に好かれたいけど、どうすればいい？
いつの時代も恋の悩みは尽きません。
自分のことをよく知って、恋愛上手になりましょう。

恋愛 01

恋に落ちる瞬間の心理とは

恋愛が生まれるメカニズム

ドキドキ、不安が「好き」の原動力に

「あの人が好き」。恋の始まりはいつも、ふとした瞬間に訪れるものです。人はいつ、何をきっかけに好きになるのでしょうか。

心理学の見地からいうと、「勘違い」がもとになることもあります。

このことを示すのが、心理学で有名な、心理学者ダットンによる実験です（左上図）。**危険に遭遇した際の不安なドキドキを、相手を好きになったためだと勘違いして恋に落ちてしまう人が少なくないのです。この勘違いを錯誤帰属といいます**。ですから、気になる相手を誘うなら、お化け屋敷やスリルのあるアトラクションなどが効果的です。

WORD ▶ 錯誤帰属…ある物事の原因を正しく判断できず、ほかの原因だと勘違いしてしまうこと。

ココロファイル ⑨

スリルが恋を錯覚させる

実験 カナダの心理学者アロンとダットンは、吊り橋を使った実験で、生理的な変化が恋愛心理に及ぼす影響を調べた。被験者男性に「高さ3mの固定された橋」と、「高さ70mの吊り橋」のどちらかを渡ってもらい、アンケートに答えてもらった。アンケートをとるのは女性で、「結果が知りたければ電話して欲しい」と、女性は自分の電話番号を渡した。

高さ3mの固定された橋

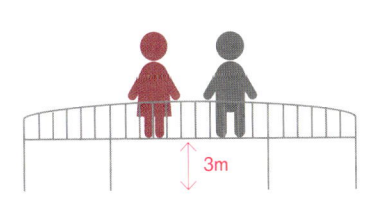

3m

高さ70mの吊り橋

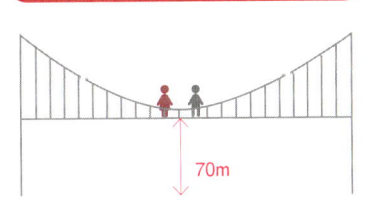

70m

結果 吊り橋を渡った男性のほうが圧倒的に電話をかけてくる率が高かった。

もしもし…

→ 不安定な場所で生じた生理的な変化（心拍数の上昇など）を、恋愛によるものと勘違いする帰属錯誤が起こった。

また、**不幸な人のほうが恋に落ちやすい**という法則があります。仕事や恋愛で失敗するなど、人生が思うようにいかないとき、人は自信を失い、自己評価が低くなります。すると不安を感じやすくなり、誰かと一緒にいることで安心感を得ようとするのです。これは**親和欲求**（▼P29）が高まっている状態。**アタックするなら、相手が落ち込んでいるときが狙い目**です。不幸につけ込むようですが、相手も好かれることで自信を取り戻し、幸せになるのですから、結果オーライなのです。

使える！ 心理テクニック……

暗がりがムードを高める

明るい場所よりも、暗い場所にいるときのほうが親和欲求が高まるという実験データがあります。デートをするなら、薄暗い場所を選ぶとさらに効果的です。

PART 6 自分にあった恋愛を楽しむための心理学　恋に落ちる瞬間の心理とは

恋愛 02

なぜ、その人を好きになるのか
ぜんぜんタイプじゃないのに好きになる心理

似た者同士は仲よくなりやすい

「理想のタイプは？」と聞かれたときの答えと、実際に付き合っている人が似ても似つかない、という場合がよくあります。自分でも「どうして好きになったのだろう？」と首を傾げたくなるときもあるのでは？

理由のひとつに、「自分に似た人を好きになりやすい」という、マッ*チング理論によって明らかにされた心理があります。恋愛以外でも、趣味が同じなど、相手と共通点があるとすぐに打ちとけられるのは、誰しも経験のあることでしょう。

一方で、自分と親子ほど年が離れた人を好きになる場合もあります。とくに多いのは、女性が年の離れた年配の男性を好きになるパターン。

WORD マッチング理論…アメリカの経済学者アルビン・ロスによる理論。人は自分と似通った外見や社会的地位を持つ相手を好むというもの。

174

ココロファイル ⑩

自分と似た人を好きになる心理

実験 アメリカの心理学者バーンとネルソンは、類似性と魅力度の関係について以下のような実験を行った。

1 大学生168名を対象に、さまざまな社会現象に対するアンケートを実施し、各項目について「賛成」「反対」などの意見調査に答えてもらった。

2 ①のアンケートに対する架空の回答表を作成して被験者に見せ、その架空の人物の魅力を評価してもらった。その際、本人のものと似た回答やまったく反対のものなど、いくつかのパターンを用意した。

結果 アンケートの回答の類似度が高くなるほど、その人物への好意度も増した。つまり、自分と同じ意見をもっている相手ほど魅力的だと考える、ということになる。

→ 自分と似た考え方の人に対して魅力を感じやすい。

表：対人好意を決定する要因としての態度の類似性と類似比率の比較

態度類似の比率	類似した態度の数			
	4	8	16	全体
1.00	11.14	12.79	10.93	11.62
0.67	10.79	9.36	9.50	9.88
0.50	9.36	9.57	7.93	8.95
0.33	8.14	6.64	6.57	7.12
全体	9.86	9.59	8.73	

※数値は好意度の平均値。高ければ高いほど好意的
（Byrnr & Nelson, 1965 を元に作成）

PART 6 自分にあった恋愛を楽しむための心理学　なぜ、その人を好きになるのか

いわゆるファザコンの心理から来るもので、本来の父親から得られなかった愛情を年上の男性に求めます。つまり友情が友達を好きになるのは、男性のほうが多いようです。社会心理学者ルビンが行った実験でも、女性は「友達は友達」と割り切る一方で、男性は女友達に対して性的関心を抱きやすいことがわかっています。また、男性のほうが女性からの友情を「恋愛感情」と勘違いしやすいという実験データもあります。

豆知識 **ファザコンは心理学用語ではない**
ファザコン（ファーザー・コンプレックス）は日本でつくられた俗語。似たものに、女の子が父親を独占したいとの思いから、母親を敵視するエレクトラコンプレックス（▼P162）という心理用語があります。

WORD ファザコン…ファーザー・コンプレックスの略で、父親に強い執着を抱く心理。

恋愛関係を長続きさせるコツ

恋愛が長続きしない原因が、自分にある場合も少なくありません。恋愛関係を深めるためには、相手を受け入れることが何より大切です。

恋愛関係を深めるためのポイントと対策

恋愛は、始まりの時点では共通の趣味がある、考え方が似ているなど、お互い類似していることが親しくなるのに役立ちます。しかし、そこからさらに関係を深めるには、相手を尊重し、ときには自分の考えを自制したりする必要があります。

Point 1 相補的関係を築く

ふたりの関係をより深めるには、お互いの類似点以外に、自分にないものを相手に見つけて魅力を感じたり、お互いの欠点を補ったりする関係(相補的関係)を築き上げることが重要になる。

対策 自分を知り、相手を知ることが大切。そして、それぞれの長所を尊重した上で、短所を補い合えるような関係をつくり上げていくと、長続きする。

○計画を立てるのは得意
×お金の管理は苦手

○お金の管理は得意
×計画を立てるのは苦手

Point 2 相手を理想化しすぎない

深くつき合う前に、理想のイメージをつくり上げてしまうのは危険。「こんなハズではなかった」と、現実とのギャップにがっかりして、気持ちが冷めてしまうことがある。

対策 理想像を捨て、真の相手の姿を受け入れること。また、相手の悪い点を気にするのではなく、よいところを積極的に見るように心がける。

Point 5

マメに
コミュニケーションをとる

自分の意思を、きちんと言葉や態度に出して相手に伝える。「言わなくてもわかるだろう」というのは、相手への甘えだと認識する。

対策 言葉はもちろん、アイコンタクトやスキンシップも、重要なコミュニケーション手段。おろそかにしないこと。

「大切に思っているよ」
「私も」

正反対のふたりでも うまくいく場合もある

たとえば、おしゃべりな人と無口な人、依存心の強い人と支配欲の強い人など、正反対でも相性のよい組み合わせがあります。人間は本来助け合って生きる生き物。一人ひとりは完全でなくても、お互いを補い合えばよいのです。

Point 3

自分との違いを尊重する

自分とは違う趣味や考えがあるからといって、非難したり従えさせようとしたりせず、相手の好みや思想を尊重する。自分の思いとの「違い」を尊重し合える関係を築くこと。

対策 相手を受け入れて、ときには自己を抑制する必要がある。ただし、もともとの価値観があまりにも違いすぎると、うまくいかないことも。

Point 4

自分のことよりも
相手のことを考える

他人を愛する「対象愛」が十分に発達していない人は、恋愛をしているようで、実は自尊心を満足させているだけという場合がある。自分がなにより大事なので、当然長続きしない。

対策 恋愛経験や人生経験が少ない人が陥りがちなパターン。いろいろなタイプの人と出会い、人づき合いの場数を踏んで経験値を高めていくこと。

恋愛 03

嫉妬心が抑えられない
焼きもちが過ぎると別れの原因に

自己肯定感の低さから独占欲が高まる

好きになったら相手を独占したいと思うもの。ただし、相手の携帯や手帳をこっそりチェックしたり、相手が異性と会話するだけでも**嫉妬**したりするようになっていたら要注意です。相手はうんざりして、本当にあなたから気持ちが離れてしまうでしょう。

相手を独り占めにしたいという**独占欲**が強い人は、本心では、「相手が離れていくのではないか」という不安に脅かされています。**自己肯定感が低く、愛されているという自信がもてない**のです。小さな成功体験を重ねる（アッハ体験▼P76）、誉め言葉を素直に受け取る、「ありがとう」「嬉しい」などの前向きなフ

嫉妬してしまう理由

好きな相手を独り占めしたいというのは自然な気持ちですが、
強すぎる嫉妬の裏側には、別の心理が働いているかもしれません。

独占欲が強い
相手を自分のものだけにしたい。自己肯定感が低いことが原因である場合が多い。

「私だけを見て！」

自分自身の願望の表れ
「他の異性と親しくしたい」という願望を無意識に抑圧し、相手の行動として投影している。

過去の経験
これまでに浮気をされたなどの経験があり、異性を信じられなくなってしまった。

「さよなら」

嫉妬を抑えるためには

相手を尊重する
人は誰でも自由であり、プライバシーがある。恋愛関係においてもそれは同様であり、相手の行動を縛ることはできないということを受け止める。

他に熱中できるものを持つ
仕事、趣味など、自分が夢中になれるものをもつ。これによりエネルギーが嫉妬に向かわず、ほかのことに向けられる。また自己肯定感が高まる。

相手を選ぶ
性格上、浮気に向かいやすいタイプの人もいる（ルダス▶P185）。嫉妬してしまう人は、そのような性格の人との恋愛を避けることも大切。

豆知識　嫉妬は自己愛から生まれる

嫉妬は自己愛が傷つけられたときに起こる感情。嫉妬心を抑えるには、自己愛を満たす方法を別の方向に向けるとよいでしょう。恋愛以外で頑張って、自信をつけるのもひとつの方法です。

レーズを積極的に口に出すなど、自己肯定感を高める訓練をしましょう。また、疑うべき理由がないのに嫉妬してしまうとしたら、心の底に「自分も異性と親しくしたい」という願望があり、無意識に抑圧しているのかもしれません。これは投影*といって、**防衛機制**（▼P68）のひとつ。自分のなかにある都合の悪い部分を、相手に置き換えてしまうのです。まずは自分にもそういう願望があると認めることが第一歩。また、無理に「いけないこと」だと決めつけないことも大切です。

> **WORD** 投影…自分のなかにある悪い面を認めたくないあまり、相手がもっているものだとする無意識の心の働き。

恋愛 04

別れた恋人を忘れられない

相手やセックスに依存している可能性も

自信を回復させないと過去を引きずることに

失恋には誰しも、大きなダメージを受けます。幸せな状態を失ってしまうのですから当然です。また、別れを切り出され、自分が否定されたように感じることも痛手です。

ただし、辛い気持ちが何年も続いたり、別れた相手がどうしても忘れられなかったりするのは困ります。未来や新たな恋愛に前向きになれず、傷ついた**自尊心**を修復できません。結果として、過去の恋愛を引きずり続けるという悪循環に陥ります。

また、相手をあきらめきれない気持ちを行動に移すと、**ストーカー行為**となって犯罪になってしまいます。

> **WORD** ストーカー行為…ある人物に執拗につきまとうなどの行為。2000年の「ストーカー規制法」により犯罪として扱われるようになった。

PART 6 自分にあった恋愛を楽しむための心理学　別れた恋人を忘れられない

失恋から立ち直るプロセス

失恋をすると一度は落ち込みますが、
時間が経てば辛い経験を乗り越えることができます。

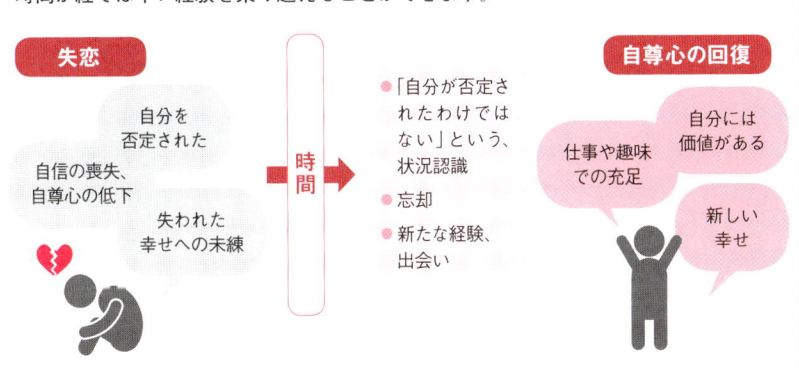

失恋
- 自分を否定された
- 自信の喪失、自尊心の低下
- 失われた幸せへの未練

→ 時間 →

- 「自分が否定されたわけではない」という、状況認識
- 忘却
- 新たな経験、出会い

自尊心の回復
- 仕事や趣味での充足
- 自分には価値がある
- 新しい幸せ

失恋を忘れられないと…

過去を引きずる、自己否定を繰り返す、未来に目を向けなくなるなど、自信が回復できず、いつまでも辛い経験を忘れられないという悪循環を招きます。

失恋の理由をいつまでも考え続ける
相手に理由を説明されても納得せず、ひとりで自問自答を繰り返す。答えが見つからないまま、時間ばかりがすぎてしまう。

否定された自分を克服、あるいは自己肯定できない
自分を否定されたことに大きなショックを受け、自信を喪失してしまう。または「自分はダメな人間だ」とあきらめ、変わる努力をしない。

失われた関係に執着する
「あんな素晴らしい人にはもう会えない」「二度と幸せになれない」などと決めつけ、新たな出会いに目を向けなくなる。

こうした強い執着心の裏側には、嗜癖※(しへき)の心理があるのかもしれません。嗜癖はセックスや恋人に依存し、それがなければ生きていけなくなること。これが高じて、日常生活や人生そのものにも差し障りが起こるようになると依存症です。そうなると、専門家の手を借りなければなかなか抜け出すことはできません。

失恋とは、恋愛という状況が悪くなった結果であって、自分という人間が否定されたわけではありません。その部分はきっぱりと割り切り、自信の回復に努めることが大切です。

豆知識　暴力夫に依存してしまう
DV（ドメスティック・バイオレンス）を受けても別れられないのも、嗜癖の作用によるもの。お互いに、相手によって自分の存在理由を確かめ合う「共依存」の関係に陥っているのです。

> **WORD** 嗜癖…ある物事に強く執着すること。対象によって「物質嗜癖」「プロセス嗜癖」「人間関係嗜癖」の3つに分けられる。

好きな相手の本心が知りたい

視線、表情、しぐさなどの非言語（ノンバーバル）コミュニケーションは、その人の感情を知る大きな手がかりになります。自分の気持ちを伝えるときにはもちろんのこと、相手の気持ちを知るのにも大いに役立ちます。

冷静に観察すれば相手の気持ちがわかる

好きになった相手が、自分のことをどう思っているのか。直接聞くのは勇気がいるので、まずは外見やしぐさから相手の内面を探ってみましょう。ただし、「相手から好かれたい」という願望があると、無意識に好意を読み取ってしまいがちになるので、冷静に観察すること。うまくいけば、視線、表情、しぐさなどから、高確率で相手の気持ちを読み取ることができます。

好意があるかどうかを示すサイン

● 好意がある

- ☐ 自分のほうに顔が向いている
- ☐ からだが自分のほうを向き、身を乗り出している
- ☐ 自分と相手とのからだの距離が近い
- ☐ 何かの拍子に自分と相手が近づいたり、触れ合ったりしてもいやがらない 
- ☐ よく足を組み替える（相手が女性の場合）
- ☐ 視線の合う頻度が高い
- ☐ よく笑顔を向けてくる
- ☐ 会話のなかに一人称がよく出てくる
- ☐ 会話のなかで強調表現やポジティブな言葉が多い
- ☐ 自分がコーヒーを飲んだとき相手も飲むなど、同じタイミングで同じ行動をとる

> 私ね、こないだスゴイ発見しちゃったんだけど

182

● 好意がない

- □ 腕組みをしている
- □ 座っているときに足を閉じている（男性の場合）
- □ ふたりでいるとき、距離をとろうとする
- □ ふたりの間にものを置く
- □ 頬づえをつく
- □ こぶしを握っている
- □ 自分のほうに顔や視線を向けない
- □ 自分が話しているとき、ほかのことに気をとられている
- □ 自分の名前を呼ばない

話の内容もチェックを！

会話やメールでの「すごく」などの強調表現や「嬉しい」「楽しい」などのポジティブな言葉は好意の証拠。また一人称が多い場合も、「自分を知って欲しい」という気持ちの表れです。

- メールありがとう。嬉しかったよ
- あのお店のランチ、すっごく美味しいよね
- 私の飼ってるペットがね
- この間のキャンプ、楽しかったね

恋愛 05

相性のよい人を選ぶには？

人生を輝かせてくれる恋愛をするために

恋愛についての考え方が合うかどうかが重要

恋愛や結婚において、ふたりの**相性**は非常に大切です。いくらお互いを好き合っていても、相性が悪いとコミュニケーションがうまくいきません。恋愛によるストレスが、不幸な結果を呼ぶのです。恋愛をするなら、人生が素晴らしくなるような関係を結ぶのが理想でしょう。

容貌や地位、能力がつり合っており、ものの考え方や趣味が似ている相手は恋愛における相性もよいのでおすすめです（**マッチング理論**▶P174）。また、性格的に正反対であっても、互いの長所や欠点を補い合いながら、物事を進めていけます。困難に強い、理想的なカップルになるといえるでしょう。

> **WORD** 相性…複数の人が人間関係を結ぶ際に、互いの性質や性格が合うかどうかのこと。相性がよければ反発し合うことが少なく、円満な人間関係を結べる。

リーによる恋愛の6類型

リーは恋愛を6つのタイプに分けました。ぴったり当てはまるわけではありませんが、傾向を示す目安になります。好きな相手の傾向を見比べてみましょう。

PART 6 自分にあった恋愛を楽しむための心理学　相性のよい人を選ぶには?

恋愛観についての質問

以下から自分の理想の恋愛に近いものを選んでください。対応するタイプがあなたのタイプになります。

1. お互い夢中で、激しい愛のなかにいる → エロス
2. 恋愛はゲームであり、楽しむためのものである → ルダス
3. 性的というより深い友情で結ばれている親友のような関係が理想 → ストーゲ
4. 相手のことを考えると心配で夜も眠れない → マニア
5. 自分の将来にとってメリットのある相手を選ぶ → プラグマ
6. ただひたすら相手に尽くしたい。この愛のためならどんな犠牲を払ってもよい → アガペー

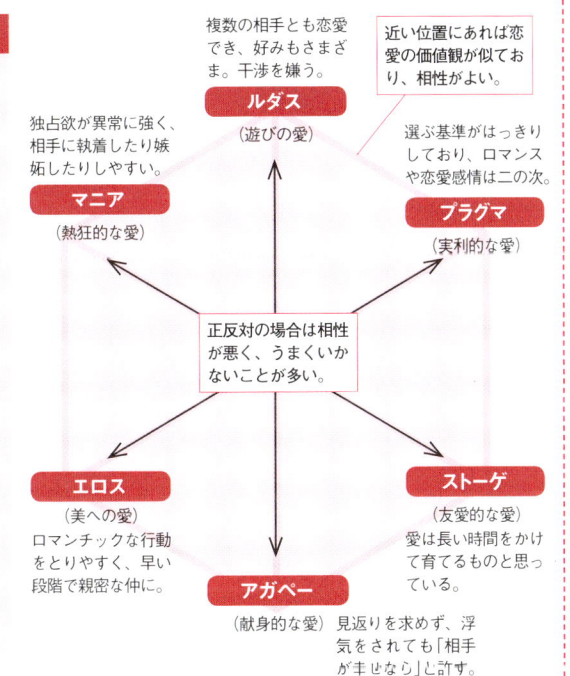

ルダス（遊びの愛）
複数の相手とも恋愛でき、好みもさまざま。干渉を嫌う。

マニア（熱狂的な愛）
独占欲が異常に強く、相手に執着したり嫉妬したりしやすい。

プラグマ（実利的な愛）
選ぶ基準がはっきりしており、ロマンスや恋愛感情は二の次。

近い位置にあれば恋愛の価値観が似ており、相性がよい。

正反対の場合は相性が悪く、うまくいかないことが多い。

エロス（美への愛）
ロマンチックな行動をとりやすく、早い段階で親密な仲に。

アガペー（献身的な愛）
見返りを求めず、浮気をされても「相手が幸せなら」と許す。

ストーゲ（友愛的な愛）
愛は長い時間をかけて育てるものと思っている。

確かめておきたいのは、相手がどんなタイプの恋愛をする人かということ。社会心理学者リー*は恋愛の始まりから展開、終わり方について被験者にインタビューをし、その結果から恋愛を6つのタイプに分けました（上図）。恋愛について同じように感じる相手のほうが理解しやすく、うまくいく可能性が高くなります。反対のタイプだと、相手に振り回されたり、ケンカが多くなるなどストレスが生じやすくします。

豆知識　不幸な恋愛には…

もし友人が不幸な恋愛をしていたらどう対処しますか? 強く反対するのは逆効果。障害があるほどに情熱が高まる「ロミオとジュリエット効果」で、ますます火に油を注いでしまいます。できるのは、そばで見守って話を聞いてあげること。残念ですが、恋愛の熱を冷ます特効薬はないのです。

WORD ジョン・アラン・リー…カナダの社会心理学者。恋愛のタイプを6つに類型化した「恋愛の色彩理論」を提唱した。

解説編

1 あなたの性格がわかる

あなたが選んだ図形は…

① Z型 ➡ 想像力、直感力に優れており、普通の人とは少し違う考え方の持ち主。自由な心を大切にし、規則に縛られるのを嫌います。周囲から理解されないこともあるかも。

② 正方形 ➡ 目標に向かってコツコツ取り組む努力家。さまざまな分野で実力を発揮できます。万能型なので周囲から重宝され、人をまとめる仕事にも向いています。

③ 三角形 ➡ 強いリーダーシップをもったエネルギッシュなタイプ。社交的で多くの友人に恵まれるでしょう。行動が先に立って、失敗することもありますが、信じた道を突き進む強さをもっています。

④ 丸型 ➡ 周囲との和を大切にする、協調性に富んだタイプ。社会のルールを守る一方で、人の心をよく汲み取ることができるので、周囲から信頼されます。人の間に立って調整する仕事に向いています。

⑤ 長方形 ➡ 向上心、独立心が強く、常に前を目指して努力します。自分を過小評価してしまいがちですが、自信がないわけではありません。努力を重ねて自分の活躍できる場所を見つけ、実力を発揮できます。

2 4番目に選んだ人で、隠そうとしている欠点がわかる

あなたが4番目に選んだのは…

A 物忘れが激しい人
➡ 自分の弱点が、まさに「物忘れの激しさ」にある人。自分で言い出したことや、約束を忘れたりして、しかも悪びれないあなたの態度に、歯がゆい思いをしている人もいるかもしれません。大切なことはメモをとるなどして、工夫をしましょう。

B 時間にルーズな人
➡ 時間を守らないことを「たいしたことではない」と思っていませんか？　たとえ数分であっても、待つ立場になってみればイライラや不安がつのるもの。時間に余裕をもって行動し、遅れる場合はきちんと相手に連絡を入れましょう。

C 行動が遅い人
➡ なぜか人よりいつも一歩遅れがちなあなた。何事も確実に行うのは悪いことではありませんが、ときどきは時間を優先させたり、周囲のペースに合わせたりすることも必要です。周りの人を見て、待たせていないか確認しましょう。

D 一般常識のない人
➡ あなたの弱点は一般常識がないこと。知識のなさを無邪気に無防備にさらすと、周囲の人から苦々しく思われます。自分で「弱点だ」と感じているのであれば、ときには「知ったかぶり」をすることも大切です。

3 あなたの、影響の受けやすさがわかる

あなたが描いたのは…

A、Bともに蝶が花にとまっている
➡ 他人からの影響を強く受けやすく、同時に人へ与える影響も大きいタイプ。存在感があり、人に影響されるとしても、周囲に流されているというわけではありません。自分の考えに取り入れてうまくバランスをとっていけます。

A、Bともに蝶が空中を飛んでいる
➡ 他人から影響を受けることもなければ、人に影響を与えることも少ないタイプ。独自の世界観を持っており、周囲からなかなか理解されにくいかも。自分の世界だけでは、行き詰まりや寂しさを感じることがあるかもしれません。

Aの蝶は花にとまり、Bの蝶は空中を飛んでいる
➡ 他人から影響を強く受ける一方で、人に影響を与えることはないタイプ。流行を追いかけたり、人を真似たりするだけでは、個性が失われてしまいます。なぜそれをよいと思うのかを考え、その積み重ねのなかから自分らしさが見つけましょう。

Bの蝶は花にとまり、Aの蝶は空中を飛んでいる
➡ 他人から影響を受けることはほとんどなく、人に影響を与えるタイプ。個性を重視するため、他人の言動を軽視している可能性も。他人からインスピレーションを得ることもあるので、その影響を「悪いもの」と決めつけないよう注意しましょう。

4 他人の気持ちをはかる能力がわかる

回答欄のなかで、1、2、5、7、10、12、16、19、20、22、23、26、27にAがついていたら回答に○をつけてください。3、4、6、8、9、11、13、14、15、17、18、21、24、25、28にBがついていたら回答に○をつけてください。

合計が20点以上
➡ 他人の言動からその人の気持ちがわかる能力に長けています。仕事やプライベートで、人間関係を円滑に営むことができているといえるでしょう。言葉によるコミュニケーションも怠らないようにしくください。

合計が10点以上
➡ 他人の気持ちを普通程度に推し量ることができる人です。細部まで観察することで、もっと相手の気持ちを理解できるようになるかもしれません。

合計が9点以下
➡ 他人の気持ちを推測するのが苦手かもしれません。コミュニケーションを円滑にするためには、相手をよく観察し、相手の立場に立って気持ちを想像してみるよう努力しましょう。

🖊 ココロがわかる！ 心理テスト　　　　　　　　　解説編

❺ 現在抱えている不満や不安がわかる
何通、誰から、どんな内容で？

1 手紙は何通入っていますか？
手紙の数はあなたの不満、不安の数を示しています。

2 誰からの手紙ですか？
あなたが不満や不安を感じている対象を表しています。

A 友だち ➡ 友人関係で悩みを抱えています。

B 親 ➡ 親との関係に不満があったり、親のことに不安を感じたりしています。

C 恋人 ➡ 恋愛関係や、恋人への気持ちに対して不満、不安があります。

D 職場の人 ➡ 職場の人間関係や、仕事のことで悩みを抱えています。

3 あなたはその手紙をどうしますか？

A 破り捨てる

➡ 見なかったことにして拒否してしまうタイプ。問題が取り除かれないため、その不安は心の底に残されたままになっています。不安に対して立ち向かう勇気をもちましょう。

B 何度も読み直す

➡ ひとりでクヨクヨと悩んでしまうタイプ。悩みの中で問題解決の道筋が見えればいいのですが、そうでないケースも多いでしょう。誰かに相談するなど、その悩みをいったん客観的に見つめるといいかもしれません。

C 返事を書く

➡ 問題に対して積極的に立ち向かうタイプ。よく考えた上での行動であれば、思わしくない結果になってしまったとしても、一歩前に進んだということができます。

D ポストに戻す

➡ 問題を棚上げにしてしまうタイプ。「後でゆっくり考えよう」と思っているうちに忘れてしまうことも。ストレスがたまらない幸せな人だということもできます。ただし、「あのときこうしておけば」と後悔する可能性も高くなります。

さくいん

● あ
- アイコンタクト 177
- 相性 184
- アッハ体験 178
- アルコール依存 154
- 言い訳 130
- 依存症 151
- 逸脱行動 88
- インターネット依存 161
- うつ病 55
- ADHD（注意欠陥多動性障害） 138
- エディプスコンプレックス 162
- エレクトラコンプレックス 175
- エンブレム（表象） 98
- 置き換え 68

● か
- 我 101
- 外向型 18
- 外的統制型 130
- 外発的動機づけ 47
- 外部的ストレッサー 53
- 開放領域 50
- 確証バイアス 39
- 過支配 163

- 過食症 73
- 過保護 140
- 過労死 91
- 感覚型 35、
- 感情型 105
- 完璧主義 114
- 希少性の原理 133
- 帰属意識 23
- ギャンブル 26
- ギャンブル依存症 159
- 共依存 78
- 共感 140
- 共感性 168
- 共感の理解 117
- 協調性 82
- 競争心 94
- 強迫観念 71
- 強迫性障害 111
- 虚栄心 163
- 虚言癖 152
- 拒食症 152
- 筋肉質型 88
- クーエの法則 136
- 空笑 138
- 口ぐせ 19
- 屈辱的同調 19
- 群集心理 151
- 経済的交換 163
- 潔癖症 159
- 検閲 73

- 言語的（バーバル）コミュニケーション
- 好意の返報性 25
- 公共距離 107
- 攻撃行動 87
- 口唇期 128
- 公的自己意識 163
- 傲慢 104
- 傲慢症候群 110
- 肛門期 111
- 合理化 152
- 五月病 163
- 個性 147
- 固体距離 106
- 好まれない性格 87
- 好まれる性格 21
- コンプレックス（複合意識） 23、54、60、75、102、70、162

● さ
- 斉一性への圧力 34
- 錯誤帰属 172
- 自意識（自己意識） 102
- ジェンダー 164
- 色彩心理学 118
- 色彩調節 118
- 色彩論 118
- しぐさ 122
- 自己 50
- 自己愛 179
- 自己愛性パーソナリティ障害 127

- 自己暗示 126
- 自己イメージ 108
- 思考型 35、
- 自己開示 40、62、125
- 自己開示の返報性 64
- 自己概念 82、126、74
- 自己嫌悪 77
- 自己顕示 134
- 自己顕示欲 37
- 自己肯定感 159
- 自己視線恐怖症 33
- 自己主張 74
- 自己説得法 76
- 自己正当化 76
- 自己中心的 29
- 自己卑下 129
- 自己否定 131
- 自己評価 134
- 自傷行為 178
- 次子の性格 82
- 自信移転の法則 41
- 視線恐怖症 156
- 自尊感情 97
- 自尊心 62、64
- 自動思考 124
- 自罰的 19
- 私的自己意識 102
- 嫉妬 178
- 自慢 180
- 社会距離 77
- 社会的自我 134
- 社会の交換 37
- 社会の交換理論 159

189

- 社会的支援型対処 59
- 謝罪 130
- 習慣 46
- 習慣性 154
- 集団 84
- 集団圧力 89, 146
- 集団規範 84
- 焦燥感 99
- 情緒表出 99
- 情緒分類 99
- 情動処理型対処 84、161
- 承認欲求 58
- 初頭効果 142
- ジョハリの窓 50
- 親近効果 143
- シンクロニー 96
- 身体像境界 116
- 身体操作 99
- シンデレラコンプレックス 167
- 親密度 30
- 親和欲求 54
- 心理的リアクタンス 136
- 心理的・社会的ストレッサー 173
- 図解的動作 98
- スキンシップ 177
- スタンフォード監獄実験 22
- ステレオタイプ（ステロタイプ） 45
- ストーカー行為 180
- ストップ法 129
- ストレス 42、52、58、132

- 性格 58
- 性格分類 43
- 性格類型 52、156
- 性器期 20
- 成功体験 26
- 正視恐怖症 37
- 性的役割 135
- 性的欲求（リビドー） 163
- 性的ストレッサー 165
- 性同一性 165
- 性同一性障害 165
- セックス 54
- 摂食障害 164
- 全強化 158
- 先入観 152
- 潜伏期 38
- 躁うつ気質 26

● た
- トラウマ 141
- 途中下車症候群 167
- 独占欲 178
- 独語 133
- 度胸 36
- 逃避 69
- 同調ダンス 95
- 同調行動 100、117
- 同調 108
- 動作 133
- 統合失調症 179
- 同一化による同調 35
- 投影 147
- 吊り橋効果 181
- 適応障害 172
- 直感型 19
- 調整的動作 99
- 長子の性格 32
- 男根期 89
- 忠誠心 163
- ストレス耐性 52
- ストレス学説 43
- ストレス解消 56
- ストレス・マネジメント 56、58
- ストレス・コーピング 56
- ストレッサー 42、54、56、58
- DV（ドメスティック・バイオレンス） 139

- 他人志向型 17
- 他罰的 34
- 溜め込み障害 28、34

● な
- 内発的動機づけ 47
- 内的統制型 130
- 内向型 35
- 内在化による同調 18
- 内的認知 92
- 他者視線恐怖症 104
- 対人認知 134
- 退行 72
- 第一印象 69、142
- 達成動機 46

● は
- パーソナルスペース 27
- バーチャル 121
- バーナム効果 120
- バイアス 83
- 歯ぎしり 148
- パニック障害 63
- ハレ 59
- ハロー効果 133、137
- 反社会性パーソナリティ障害 143
- 反動形成 78
- 万能感 79
- ピーターパン症候群 124
- 悲観的 166
- 卑屈 56
- 卑下（自己卑下） 76

- 内部のストレッサー 53
- ナルシシズム 126
- ナルシスト 126
- なわばり 109
- 人間関係 104
- 認知 133
- 認知症 31、59
- 認知の歪み 63
- 認知的斉合性理論 148
- 認知的処理型対処 83
- ネガティブ・コミュニケーション 120
- 寝言 121
- 寝姿 27
- 粘着気質 86
- 卑下 76

190

非言語的（ノンバーバル）コミュニケーション	25、114
ヒステリー	182
独り言	19
肥満型	132
秘密領域	26
表情	50
貧乏揺すり	24
ファザコン	122
不安	132
不機嫌	175
物理的ストレッサー	132
不定率強化	21
部分強化	54
不満	153
フラストレーション	152
フラストレーション耐性	60、68、68、70、70、71

プロセス依存	152
分裂気質	158
防衛機制	26
ポジティブ・コミュニケーション	179
報酬	68、79、90
ボディ・アクション	83
ボディ・シンクロニー	25
ボディランゲージ	95
本音	122
本心	103

●ま
マッチング理論	33
末子の性格	174、184
見た目	90
見返り	54
未知領域	24
密接距離	50
	86

●や
役割	23
やせ型（細長型）	26
八つ当たり	68
優越感	124
優柔不断	36
夢	72
抑圧	73
抑うつ症状	159
欲求不満	68

●ら
楽観的リーダーシップ	98
離脱症	17
リビドー	50
劣等感	167
劣等コンプレックス	58
恋愛の6類型	155
六月病	163
ロミオとジュリエット効果	64、18

●わ
ワーカホリック	56
脇見恐怖症	60、185

身振り（身体動作） 17
無罰的 50
盲点領域 167
モラトリアム人間 58
問題解決型対処 90

主な参考文献

『相手の心を絶対に見抜く心理術 裏の心理を読んで動かすスーパーメソッド19』ゆうきゆう 著（海竜社）

『相手の心を絶対にその気にさせる心理術』ゆうきゆう 著（海竜社）

『心理学入門—心のしくみがわかると、見方が変わる』ゆうきゆう 監修（学研教育出版）

『面白いほどよくわかる! 自分の心理学』渋谷昌三 著（西東社）

『なるほど!』とわかる マンガはじめての心理学』ゆうきゆう 著（西東社）

『なるほど!』とわかる マンガはじめての恋愛心理学』ゆうきゆう 著（西東社）

『なるほど!』とわかる マンガはじめての他人の心理学』ゆうきゆう 著（西東社）

『産業・組織心理学エッセンシャルズ』田中堅一郎 編（ナカニシヤ出版）

『ワーク・モティベーション』ゲイリー・レイサム 著、金井壽宏 監修、依田卓巳 訳（NTT出版）

『心理学小辞典』大山 正・藤永 保・吉田正昭 共著（有斐閣）

『イラストレート人間関係の心理学』齊藤勇 著（誠信書房）

『図解でわかる深層心理のすべて』齊藤勇 著（日本実業出版社）

『心理学がわかる事典』南 博 著（日本実業出版社）

『人間関係の心理学』齊藤勇 編（誠信書房）

『自分がわかる心理学—心が軽くなるアドバイス』渋谷昌三 著（西東社）

『心理学がイッキにわかる本』渋谷昌三 著（PHP研究所）

『フシギなくらい見えてくる! 本当にわかる心理学』植木理恵 著（日本実業出版社）

●監修者紹介

ゆうき ゆう

精神科医。ゆうメンタルクリニック総院長。2008年、上野に開院後、池袋、新宿、渋谷、秋葉原にも開院。カウンセリングを重視した方針で、50名以上の医師が年間約70000件のカウンセリングを行っており、心安らげるクリニックとして評判が高い。また、医師業のかたわら、心理学系サイトの運営、マンガ原作、書籍執筆なども手がける。『マンガでわかる心療内科』(少年画報社)の原作、『ココロの救急箱』(マガジンハウス)など、著書多数。

ゆうメンタルクリニック
上野院　　http://yucl.net/　03-6663-8813　上野駅0分
池袋東口院　http://yuik.net/　03-5944-8883　池袋駅1分
池袋西口院　http://yuk2.net/　03-5944-9995　池袋駅0分
新宿院　　http://yusn.net/　03-3342-6777　新宿駅0分
渋谷院　　http://yusb.net/　03-5459-8885　渋谷駅0分
秋葉原院　http://yakb.net/　03-3863-8882　秋葉原駅0分
ゆうスキンクリニック池袋皮膚科
http://yubt.net/　03-6914-0003　池袋駅0分

●マンガ家紹介

すぎやま えみこ

岐阜県生まれ。名古屋のデザイン会社で広告・雑誌のデザイナーを務めつつ、イラストの仕事を開始。1995年からイラストレーターとして独立。『犬ゴコロ』(リベラル社)『レズビアン的結婚生活』(イースト・プレス)などではマンガを担当、繊細な感情をユーモラスかつ丁寧に描く独自のイラスト／マンガ世界を構築。

●イラスト ―――― 坂木浩子　　　　●執筆協力 ―――― 圓岡志摩　岡林秀明
●デザイン ―――― 鷹觜麻衣子　　　●編集協力 ―――― 有限会社ヴュー企画(池上直哉)
●DTP ―――――― 有限会社天龍社

「なるほど！」とわかる マンガはじめての自分の心理学

●監修者 ――――― ゆうき ゆう
●発行者 ――――― 若松 和紀
●発行所 ――――― 株式会社西東社
〒113-0034 東京都文京区湯島 2-3-13
営業部：TEL (03) 5800-3120　　FAX (03) 5800-3128
編集部：TEL (03) 5800-3121　　FAX (03) 5800-3125
URL：http://www.seitosha.co.jp/

本書の内容の一部あるいは全部を無断でコピー、データファイル化することは、法律で認められた場合をのぞき、著作者及び出版社の権利を侵害することになります。
第三者による電子データ化、電子書籍化はいかなる場合も認められておりません。
落丁・乱丁本は、小社「営業部」宛にご送付ください。送料小社負担にて、お取替えいたします。
ISBN978-4-7916-2340-2